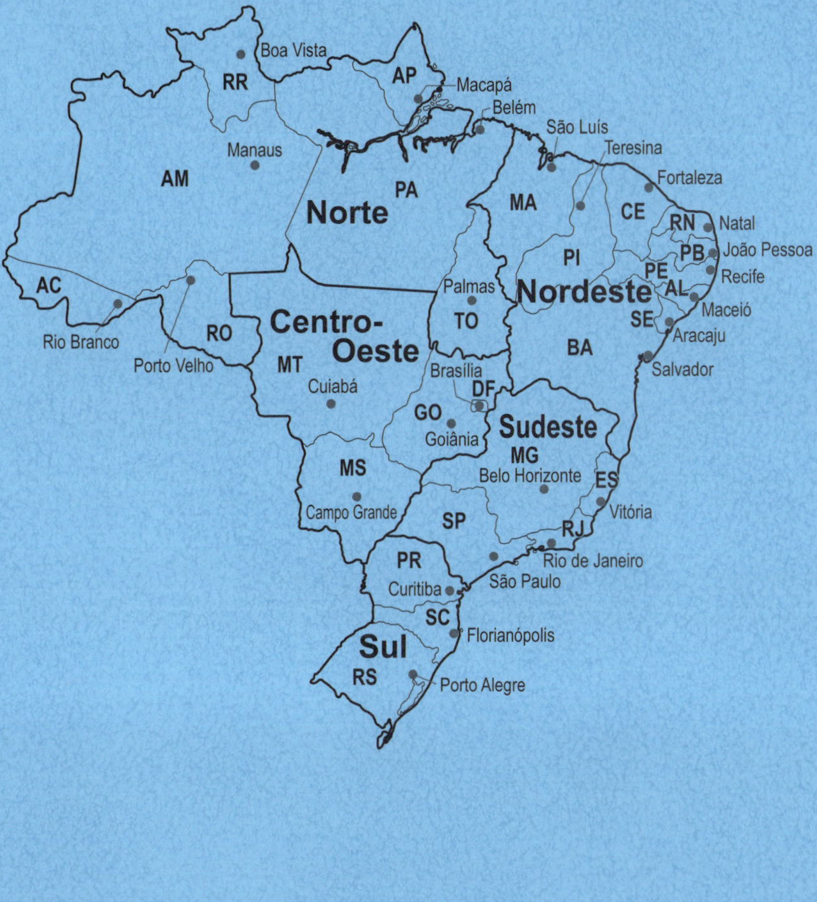
Boa Vista
RR
AP
Macapá
Belém
São Luís
Teresina
Manaus
AM
PA
Norte
MA
Fortaleza
CE
RN
Natal
PB
João Pessoa
PI
PE
Recife
AL
AC
Palmas
Nordeste
Maceió
Centro-
Oeste
TO
SE
Aracaju
RO
Rio Branco
Porto Velho
MT
BA
Salvador
Brasília
Cuiabá
DF
GO
Goiânia
Sudeste
MG
MS
Belo Horizonte
ES
Campo Grande
SP
Vitória
RJ
PR
Rio de Janeiro
São Paulo
Curitiba
SC
Florianópolis
Sul
RS
Porto Alegre

世界の言語シリーズ 11

ポルトガル語

平田 惠津子／鳥居 玲奈
ロジェリオ・アキチ・デゼン

大阪大学出版会

はじめに

　本書はポルトガル語初級・中級レベルの教材として，言葉を学びながら，ブラジルについて様々な知識を得てほしいという執筆者たちの願いから，ブラジルの言語，地理，歴史，文化に関する読み物と，文法項目の説明を中心に構成されています。ただ，一般的な教科書とは少々特徴を異にしているので，はじめに本書の構成と学習方法について説明します。

本書の構成

　本書は30課からなり，各課は順にポルトガル語の読み物，語句の意味，読み物の内容についての問題（Exercícios sobre o texto），文法事項の説明，文法練習問題で構成されています。読み物については，易しいものから難しいものへというように徐々に難易度があがっていくわけではありません。また，各課の文法事項は，必ずしも同じ課の読み物に直結したものとは限りません。つまり，本書はポルトガル語の文章を読みながら，それに対応した文法事項を確認していくという流れに沿って作られているわけではないのです。なるべく読み物と文法事項に関連性を持たせるようにしましたが，文法項目の導入は，むしろ文法書の伝統的な配列を意識した順序になっています。

本書の学習方法

　上記の構成を踏まえると，本書の学習方法としては，第1課から第30課まで順に学習していくというやり方はもちろん，読み物と文法事項をそれぞれ別々に，関心のある順に取り組むというやり方も可能です。読み物と文法説明について別個に取り組めるよう，各課に2種類の練習問題を設けています。ひとつはテキストの内容理解を深めるための練習問題（Exercícios sobre o texto）で，もうひとつは文法説明の理解をはかるために行う練習問題です。
　コラムには，本篇には取り上げられなかったものの，ポルトガル語に関する重要で興味深い様々なトピックについての説明と，ブラジル旅行を計画されている方，あるいは，インターネット上でバーチャルな旅を楽しまれる方の参考になる

よう，世界遺産についての情報を掲載しました。

　巻末には，読み物に出てきた主な単語をアルファベット順に並べたリストと動詞の活用表を付しています。活用表については，3つの規則動詞に加え，15の不規則動詞の活用が掲載されています。

　また，独習者のために，読み物の日本語訳と文法練習問題の解答を別冊として付けています。日本語訳は，原文に忠実に，一語一語をたどるように訳したものではありません。かといって，意訳と呼ぶほど，原文の構造からかけ離れたものでもありません。直訳と意訳の中間ぐらいの訳になるよう心がけたこともあって，日本語として不自然な表現が多々ありますが，文の構造と文意をつかむ際，参考にしていただければ，と思います。

　なお，読み物の内容について問う練習問題「Exercícios sobre o texto」には，解答を付けていません。問題の多くが，インターネットなどを使って調査したり，考えたりすることを学習者に求めるものだからです。「模範解答」を読んで納得するのではなく，皆さんの調査力や，想像力，思考力を駆使して，独自の答えを導き出してほしいと思います。

　本書での学習が，より高度なポルトガル語を習得したいという意欲と，ブラジルの文化や歴史についてより深く理解したいという知的探求心につながることを心から願っています。

　本書の著者は，大阪大学言語文化研究科に所属する鳥居玲奈，ロジェリオ・アキチ・デゼン（Rogério Akiti Dezem），そして，私，平田惠津子の3名で，執筆分担は以下の通りです。

平田　惠津子	はじめに
	各課の読み物
	各課の「語句」
	コラム（4, 6, 7, 10, 11, 12, 13）
	付録1．この本に出てくる語句
	別冊：読み物の日本語訳
鳥居　玲奈	各課の文法事項の説明
	各課の「文法練習問題」
	コラム（平田が担当したコラム以外の全て）
	付録2．ポルトガル語動詞活用表
	別冊：文法練習問題の解答
Rogério A. Dezem	各課の読み物
	各課の「Exercícios sobre o texto」

本書の執筆にあたっては，多くの方々のご協力をいただきました。旧大阪外国語大学時代を含め，本学でかつて教鞭をとられた三人の先生方，河野彰氏，Fernanda Torres Magalhães 氏，Ellen Nakamizu 氏には，原稿のチェックにとどまらず，内容についても多数の貴重なコメントやアドバイスをいただきました。他に，Susana Pinto da Cunha 氏と田中真理子氏にも原稿の丁寧なチェックをいただきました。同僚の坂東照啓氏には，様々なサポートをいただきました。そして，もうひとりの同僚である東明彦氏には，学部長としてご多忙な中，本書の企画の段階から数々の支援や助言をいただき，感謝の言葉も見つからないほどです。また，宇田みずほさん，川邉美香さん，野口紗也加さんには，ブラジル留学中に撮った写真を数多く提供していただきました。ご協力いただいた皆さんにこの場を借りてあらためて心よりお礼申し上げます。

　最後になりましたが，遅々として進まない執筆作業に辛抱強くつき合い，出版まで導いてくださった担当の川上展代さんをはじめ大阪大学出版会の方々に心より感謝の意を表します。

2016 年 3 月

平田　惠津子

音声を聞くには

🔈 の付いた箇所は音声を聞くことができます。

① ウェブブラウザ上で聞く

音声再生用 URL

http://el.minoh.osaka-u.ac.jp/books/SekainogengoShiriizu11_Porutogarugo/

② ダウンロードして聞く

ウェブブラウザ上以外で音声ファイルを再生したい場合は、下記のURLから音声ファイルをダウンロードしてください。

ダウンロード用 URL

http://el.minoh.osaka-u.ac.jp/books/SekainogengoShiriizu11_Porutogarugo/rsysmrsv4wsu4b67

目　次

第1課　ポルトガル語の世界（O mundo lusófono）— 2

■名詞　4
　文法練習問題　8

第2課　ブラジルのポルトガル語（O português brasileiro）— 10

■冠詞・形容詞　12
　2.1　冠詞　12
　2.2　形容詞　13
　文法練習問題　15

第3課　ブラジル1：概説（Brasil I: Informações gerais）— 18

■主語人称代名詞・所有詞　20
　3.1　主語人称代名詞　20
　発展1　ブラジル・ポルトガル語における tu の使用　21
　発展2　主語としての a gente の使用　21
　3.2　所有詞　22
　発展3　主語や目的語にもなる所有詞　23
　文法練習問題　24

第4課　ブラジル2：5つの地域
（Brasil II: Suas cinco regiões）— 26

■指示詞　28
　発展　ブラジル・ポルトガル語の中称詞の特徴　30
　文法練習問題　31

第5課　北部1：ブラジル最大の地域
　　　　（Norte I: A maior de todas as regiões）――――――32

　　　■直説法現在形1――動詞 ser と estar　34
　　　　5.1　動詞の仕組み　34
　　　　5.2　動詞 ser と estar の活用と用法　36
　　　　文法練習問題　39

第6課　北部2：緑豊かなアマゾン
　　　　（Norte II: A exuberante Amazônia）――――――42

　　　■直説法現在形2――規則動詞・語幹母音変化動詞　44
　　　　6.1　規則動詞の活用　44
　　　　6.2　語幹母音変化動詞の活用　45
　　　　発　展　語幹母音変化動詞　47
　　　　6.3　直説法現在形の用法　47
　　　　文法練習問題　49

第7課　北部3：ベレンとマナウス
　　　　（Norte III: Belém e Manaus）――――――52

　　　■直説法現在形3――不規則動詞　54
　　　　7.1　不規則動詞の活用　54
　　　　7.2　不規則動詞の用法　55
　　　　文法練習問題　60

第8課　北東部1：地理的特徴
　　　　（Nordeste I: Seus aspectos físicos）――――――62

　　　■比較級　64
　　　　8.1　3つの比較形式　64
　　　　8.2　不規則な形容詞・副詞　65
　　　　8.3　その他の比較表現　66
　　　　文法練習問題　67

第9課　北東部2：ブラジルの始まり
　　　　（Nordeste II: A origem do Brasil）————— 70

　■直説法完了過去形・前置詞　72
　　9.1　直説法完了過去形　72
　　9.2　前置詞　74
　　文法練習問題　78

第10課　北東部3：豊かな文化
　　　　（Nordeste III: Uma cultura rica）————— 80

　■相対最上級・絶対最上級　82
　　10.1　相対最上級　82
　　10.2　絶対最上級　83
　　文法練習問題　85

第11課　中西部1：ブラジルの「穀倉」
　　　　（Centro-Oeste I: O "celeiro" do Brasil）————— 86

　■数詞・不定代名詞・不定形容詞・疑問詞　88
　　11.1　数詞　88
　　11.2　不定代名詞・不定形容詞　92
　　11.3　疑問詞　93
　　文法練習問題　96

第12課　中西部2：ブラジリア（Centro-Oeste II: Brasília）————— 98

　■直説法半過去形　100
　　文法練習問題　103

第13課　中西部 3：パンタナル
（Centro-Oeste III: O Pantanal）———————— 106

■関係詞　108
　発展 1　制限用法と非制限用法　109
　発展 2　o que, os que の用法　109
　発展 3　関係代名詞 o qual の使用　111
　発展 4　onde と aonde　112
　文法練習問題　113

第14課　南東部 1：複雑な様相
（Sudeste I: As suas complexidades）———————— 116

■過去分詞・直説法複合完了過去形　118
　14.1　過去分詞　118
　14.2　直説法複合完了過去形　120
　文法練習問題　122

第15課　南東部 2：金とコーヒー（Sudeste II: Ouro e Café）—— 124

■現在分詞　126
　文法練習問題　130

第16課　南東部 3：その魅力
（Sudeste III: Os seus atrativos）　132

■目的語人称代名詞　134
　発展 1　目的語人称代名詞 te の使用　135
　発展 2　3人称の目的語人称代名詞の使用　135
　発展 3　3人称の目的語人称代名詞の省略　136
　発展 4　目的語としての a gente の使用　137
　文法練習問題　140

第17課　南部1：その美しさ（Sul I: Suas belezas）——————— 142
　■再帰代名詞　144
　　文法練習問題　149

第18課　南部2：ヨーロッパ移民
　　　　（Sul II: Imigração europeia）——————— 152
　■受動態　154
　　発展　話し言葉における能動態の使用　155
　　文法練習問題　156

第19課　南部3：ガウショ（Sul III: O gaúcho）——————— 158
　■接続法現在形1 ── 名詞節・形容詞節　160
　　文法練習問題　165

第20課　ブラジル人とは（Os brasileiros）——————— 168
　■接続詞・副詞・縮小辞・増大辞　170
　　20.1　接続詞　170
　　20.2　副詞　172
　　20.3　縮小辞・増大辞　174
　　文法練習問題　176

第21課　多彩な文化（Uma cultura diversa）——————— 178
　■直説法未来形　180
　　文法練習問題　183

第22課　宗教性と祝祭（Religiosidade e festividades）——————— 186
　■接続法現在形2 ── 副詞節・主節　188
　　発展　ブラジルの話し言葉における命令表現　190
　　文法練習問題　191

第23課　サンバが通る（O samba pede passagem）――― 194
　　■接続法半過去形　196
　　　文法練習問題　199

第24課　ブラジルのカーニバル（O carnaval no Brasil）――― 202
　　■接続法未来形　204
　　　文法練習問題　207

第25課　サッカーの国ブラジル（O Brasil − país do futebol）――― 210
　　■不定詞・人称不定詞　212
　　　25.1　不定詞　212
　　　25.2　人称不定詞　212
　　　文法練習問題　217

第26課　サッカーの王様ペレ（Pelé − o rei do futebol）――― 220
　　■直説法過去未来形　222
　　　文法練習問題　225

第27課　ブラジルのコーヒー（O café no Brasil）――― 228
　　■直説法大過去単純形・直説法大過去複合形　230
　　　27.1　直説法大過去単純形　230
　　　27.2　直説法大過去複合形　232
　　　文法練習問題　233

第28課　ブラジルの日本移民：最初の数十年間
　　　　（Imigrantes japoneses no Brasil: primeiras décadas）――― 234
　　■直説法複合未来形・直説法複合過去未来形　236
　　　28.1　直説法複合未来形　236
　　　28.2　直説法複合過去未来形　237
　　　文法練習問題　239

第29課　ブラジル文学：「近代芸術週間」
　　　　（Literatura brasileira -A Semana de Arte Moderna-）—— 242

　　■接続法完了過去形・接続法大過去形・接続法複合未来形　244
　　　29.1　接続法完了過去形　244
　　　29.2　接続法大過去形　245
　　　29.3　接続法複合未来形　246
　　　29.4　条件文 – 接続詞 se の場合　248
　　　文法練習問題　250

第30課　今日のブラジル：大学のクォータ制
　　　　（O Brasil atual
　　　　　-O sistema de cotas universitárias no Brasil-）—— 252

　　■話法　254
　　　文法練習問題　259

付録1.　この本に出てくる語句　261

付録2.　ポルトガル語動詞活用表　268

── 本書の略語・記号 ──────────────
［男］　　男性名詞
［女］　　女性名詞
［男・女］　男女同形の名詞
［形］　　形容詞
［複］　　複数形
L.1　　　Lição 1（＝第1課）
⇒, →　　矢印が示す課やコラム等を参照のこと

＊各課の「語句」と付録1「この本に出てくる語句」に掲載した単語の品詞は，名詞のみ記載しました。ただし，名詞と同形の形容詞（familiar, gaúcho, participante など）については，適宜，それが形容詞であることを記載しています。

〈コラム〉

1　平叙文・疑問文　9
2　2つ以上の名詞と形容詞の一致　16
3　主な単位の読み方　25
4　ブラジルの世界遺産　30
5　時間の表現　41
6　世界遺産・北部　50
7　世界遺産・北東部　68
8　動詞 ser の一致　97
9　数量表現の一致　104
10　世界遺産・中西部　114
11　世界遺産・南東部　123
12　世界遺産・南部　150
13　動物の鳴き声を表す動詞　157
14　自然現象を表す動詞　184
15　英語起源の外来語　193
16　国を表す複合形容詞　208
17　不定詞を伴う動詞　218
18　3つの強調構文　226
19　感嘆文　240
20　州の名称とその形容詞　260

文法項目（五十音順）	頁数

か

過去分詞	118
関係詞	108-112
冠詞	12-13
疑問詞	93-95
形容詞	13-14
現在分詞	126-129

さ

再帰代名詞	144-148
最上級（相対・絶対）	82-84
指示詞	28-30
縮小辞・増大辞	174-175
主語人称代名詞	20-21
受動態	154
条件文	248-249
所有詞	22-23
数詞	88
接続詞	170
前置詞	74

た

動詞：
  直説法（単純時制）：

現在	34-38（ser, estar），44-48（規則動詞），54-59（不規則動詞）
完了過去	72-74
半過去	100-102
大過去単純形	230-232
未来	180-182
過去未来	222-224

  直説法（複合時制）：

複合完了過去	118-121
大過去複合形	232

文法項目（五十音順）	頁数
複合未来	236-237
複合過去未来	237-238
接続法（単純時制）：	
現在	160-164（名詞節・形容詞節）, 188-190（副詞節・主節）
半過去	196-198
未来	204-206
接続法（複合時制）：	
完了過去	244-245
大過去	245-246
複合未来	246-247
不定詞・人称不定詞	212-216

は

比較級	64-66
副詞	172
不定代名詞・不定形容詞	92-93

ま

| 名詞 | 4-7 |
| 目的語人称代名詞 | 134-139 |

わ

| 話法（直接・間接） | 254-258 |

世界の言語シリーズ 11

ポルトガル語

Lição 1 — ポルトガル語の世界
O mundo lusófono

Você está animado para aprender português e conhecer o Brasil? Primeiro vamos estudar um pouco sobre a língua portuguesa!

A língua portuguesa está presente em praticamente todos os continentes do globo terrestre e é uma das línguas mais faladas no mundo. Atualmente, existem pouco mais de 260 milhões de falantes de português no planeta.

São oito os países que têm o português como idioma oficial: Portugal, Brasil, Angola, Cabo Verde, Guiné-Bissau, Moçambique, São Tomé e Príncipe e Timor-Leste. O Brasil é o país com o maior número de seus falantes, seguido de Moçambique e Angola. De origem românica, o português é a língua do "colonizador" por excelência. Portugal na sua expansão ultramarina entre os séculos XV e XVIII levou a língua de Luís de Camões para as suas possessões de além-mar com objetivos comerciais e religiosos.

語句

animado	（＋ a・para ＋不定詞）…しようと張り切った，意気込んだ
primeiro	まず，最初に
presente	（人が）いる，（物が）存在する
globo terrestre	地球
milhões	［男］milhão 100万
falantes	［男・女］falante 話者，話す人
países	［男］país 国
idioma	［男］言語
maior	より大きい，（＋定冠詞・所有詞）最も大きい
seguido	seguir …に続く
origem	［女］起源，由来
românica	românico ロマンス諸語の
por excelência	とりわけ，特に
expansão	［女］拡大，進出
ultramarina	ultramarino 海外の
possessões	［女］possessão 領地，属国
além-mar	［男］海外（領）
comerciais	comercial 商業・貿易・通商（上）の
religiosos	religioso 宗教（上）の，宗教的な

Exercícios sobre o texto

1. Quais são os países que têm o português como idioma oficial?

2. Você sabe quem foi Luís de Camões? Pesquise na internet sobre a biografia deste importante personagem da história da língua portuguesa.

3. Além do português, qual outra língua você estuda ou gostaria de estudar?
    a) chinês
    b) espanhol
    c) francês
    d) inglês
    e) outra:_____

名詞

名詞には文法上，性（男性・女性）と数（単数・複数）の区別があります。まずは性の区別について見ていきます。

(1)名詞の性

全ての名詞は，文法上，必ず男性名詞か女性名詞のいずれかに分類されます。ここでいう男性や女性というのは，文法上の性（gênero）のことであり，生物学上の性（sexo）のことではありません。

名詞の文法上の性をひとつひとつ覚えるのは大変な作業ですが，次のように，意味や形態から覚えると少しは負担も減るはずです。

意味から
次の名詞のように，生物学上の性があるものは，原則として文法上の性と一致します。

男性名詞	homem, pai, professor, aluno, filho, rei, cavalheiro, avô, conde, cachorro, boi, cavalo, galo, bode
女性名詞	mulher, mãe, professora, aluna, filha, rainha, dama, avó, condessa, cachorra, vaca, égua, galinha, cabra

しかし，次の名詞のように性が一致しないものもあるので注意が必要です。例えば，o bebê, a criança, a pessoa, o cônjuge, o tigre などは1つの文法上の性しか持ちません。男・女や雄・雌の区別が必要な場合には，uma pessoa do sexo masculino や um tigre macho のように，それぞれ masculino/feminino や macho/fêmea などを加えることによって生物学上の性を表すこともあります。

＊名詞を覚える際に定冠詞を付けると文法上の性も自然と身につきます。（→第2課：冠詞・形容詞）
　o indivíduo（男性名詞，個人）, a vítima（女性名詞，被害者）

形態から
　名詞の語末によって文法上の性を区別できるものがあります。

　①男性名詞
　　語末が-o: estado, globo, mundo, número, objetivo, século, teatro
　　＊例外 : foto, moto, tribo

　②女性名詞
　　次のような語末
　　ⅰ) -a: área, bandeira, cultura, festa, floresta, história, língua, vida
　　　＊例外 : dia, Canadá, cometa, guaraná, mapa, planeta, sofá
　　　＊ギリシア語源で語末が-ma の多くは男性名詞 : asma, carisma, cinema, clima, dilema, diploma, drama, ecossistema, fantasma, grama, idioma, poema, problema, programa, sintoma, sistema, tema, trauma
　　ⅱ) -dade: cidade, curiosidade, dificuldade, diversidade, liberdade, sociedade
　　ⅲ) -gem: coragem, mensagem, origem, paisagem, passagem, viagem
　　ⅳ) -ice: chatice, maluquice, meiguice, meninice, tolice, velhice
　　ⅴ) -ão: formação, lição, poluição, população, produção, religião（抽象名詞）
　　　＊例外 : avião, botão, coração, feijão, limão, macarrão（具象名詞）

　しかしながら，意味であれ形態であれ，これらの規則は絶対的なものではありません。名詞の文法上の性は重要な情報ですので，確実に記憶するまでは必ず辞書で確認するようにしましょう。
　　＊文法上の性によって意味が変わる語もあるので注意が必要です。
　　(ⅰ) o cabeça　　a cabeça　　(ⅲ) o capital　　a capital
　　(ⅱ) o caixa　　 a caixa　　 (ⅳ) o guia　　　 a guia

(2)名詞の性の転換

　生物学上の性の区別のある名詞では，辞書によっては男性形しか記載されていないこともあります。そのような場合に，男性形から女性形に転換する方法は概ね次の通りです。

　①語末の-o を-a に変換
　　o aluno → a aluna, o filho → a filha, o gato → a gata, médico → médica

②子音で終わる場合には a を付加

 o escritor → a escritora, o jogador → a jogadora, o inglês → a inglesa
 ＊例外：o ator → a atriz, o embaixador → a embaixatriz, o imperador → a imperatriz
 ＊語末が-ês の語は freguês → freguesa のようにアクセント記号が取れます。

③男性と女性が同形

 o artista → a artista, o atleta → a atleta, o caçula → a caçula, o cliente → a cliente, o colega → a colega, o estudante → a estudante, o fã → a fã, o imigrante → a imigrante, o turista → a turista

④語末の-e を-a に変換

 o infante → a infanta, o mestre → a mestra, o monge → a monja

⑤語末が-ão の場合

 -ão → -oa : o hortelão → a horteloa, o leão → a leoa, o patrão → a patroa
 -ão → -ã : o alemão → a alemã, o campeão → a campeã, o cidadão → a cidadã
 -ão → -ona : o chorão → a chorona, o solteirão → a solteirona

(3) 名詞の数

 名詞には，文法上の性に加えて，数の区別（単数・複数）があります。単数形に複数の標識を加えることで複数形が得られます。原則として，①単数形が母音で終わる語には複数標識の-s を付加し，②子音で終わる語には-es を付加します。

①語末が母音の語には-s を付加します。

 livro → livros, palavra → palavras, irmã → irmãs

 ただし，語末が-ão の語は，語源に応じて3つのグループに分けられます。数量的には-ões となる語が多く見られます。

 -ões: atração → atrações, exposição → exposições, lição → lições, opção → opções, pulmão → pulmões, região → regiões, relação → relações
 -ãos: cidadão → cidadãos, cristão → cristãos, grão → grãos, irmão → irmãos, mão → mãos, órgão → órgãos

-ães: alemão → alemães, cão → cães, capitão → capitães, pão → pães

②語末が子音（-s,-z,-r,-n）の語には，-es を付加します。
　japonês → japoneses, país → países, rapaz → rapazes, fator → fatores, abdômen → abdômenes
　＊語末が-ês の語の複数形では，アクセント記号が取れます。
　　burguês → burgueses, chinês → chineses, mês → meses, siamês → siameses
　＊語末が-s の語では，語末の音節に強勢が来ない場合は単複同形です。
　　atlas, lápis, ônibus, pires, simples, tênis, vírus

ただし，-m と-l の場合は次の通りです。
i) 語末が-m の語では，-m を-n に変えて-s を付加します。
　álbum → álbuns, fim → fins, jardim → jardins, paisagem → paisagens, personagem → personagens
ii) 語末が-l の語では，-l を取って-is を付加
　capital → capitais, paul → pauis, fiel → fiéis, espanhol → espanhóis, barril → barris
　＊-el と-ol に強勢がある語では-éis,-óis のようにアクセント記号が必要です。
　＊-il で語末に強勢のある語では，連続する i が脱落し，例えば fuzil であれば fuzis となります。
　＊-il で語末に強勢がない語は-il を取って-eis を付加します。
　　fóssil → fósseis, míssil → mísseis, réptil → répteis

文 法 練 習 問 題

1. 次の語の文法上の性と意味を答えましょう。

    (1) caderno
    (2) telefonema
    (3) cadeira
    (4) identidade
    (5) coragem
    (6) algodão
    (7) avô
    (8) grama

2. 次の名詞は生物学上の性の区別のあるものです。これらの単語の女性形と意味を答えましょう。

    (1) senhor
    (2) polonês
    (3) menino
    (4) leitor
    (5) médico
    (6) pianista
    (7) alemão
    (8) rei

    ＊polonês/polaco, canadense/canadiano のように，ブラジルとポルトガルで語形が異なることがあります。

3. 次の名詞の意味と複数形を答えましょう。

    (1) jovem
    (2) país
    (3) pintor
    (4) giz
    (5) irlandês
    (6) hotel
    (7) lápis
    (8) irmã
    (9) nação
    (10) pão
    (11) irmão
    (12) animal
    (13) réptil
    (14) girassol

平叙文・疑問文

ポルトガル語の語順は比較的柔軟で，倒置が起こることもありますが，一般的に次の規則に従います。

1. 平叙文：肯定文と否定文

通常，主語＋動詞の語順で表されます。否定文は，não や nunca などの否定を表す副詞を動詞の前に置くだけです。平叙文のイントネーションは下降調になります。

　　Você é paulista.
　　Você não é paulista.

2. 疑問文

(1) 疑問詞を伴わない疑問文

平叙文と同じく，主語＋動詞の語順で表されます。平叙文と区別するために，イントネーションは上昇調になります。

　　Você é paulista?- Sim, (eu) sou (paulista). / Sou, sim.
　　　　　　　　　 - Não, (eu) não sou (paulista). / Não sou, não.

＊括弧内は通常省略されますが，sim や não も省略して単に動詞だけで Sou または Não sou と答えることもしばしばあります。

ただし，次のように接続詞 ou が用いられる場合，ou の前は上昇調になりますが，ou の後は下降調になります。

　　Você é paulista ou mineiro?

(2) 疑問詞を伴う疑問文

語順は疑問詞＋主語＋動詞になることも，疑問詞＋動詞＋主語になることもあります。イントネーションは下降調です。

　　Onde você mora? - Moro na capital de São Paulo.
　　Onde estão os seus filhos? - Eles estão na escola.

 ブラジルのポルトガル語
O português brasileiro

Uma das melhores maneiras para compreender a diversidade cultural brasileira é estudar o português falado no Brasil.

O seu vocabulário foi enriquecido com o acréscimo de empréstimos da língua tupi e das línguas africanas como iorubá e quimbundo. Do tupi, o português brasileiro recebeu muitos topônimos tais como "Iguaçu", "Ipanema", "Paraná" e palavras relacionadas com a fauna e flora tais como "caju", "mandioca", "capivara". Dos vocábulos de origem africana, sobretudo de quimbundo, temos substantivos como "moleque", "caçula", "cachimbo" e até verbos como "cochilar", "xingar", todos usados na vida diária.

A partir de meados do século XIX com a chegada de imigrantes italianos, espanhóis, alemães entre outras etnias, novos empréstimos linguísticos foram integrados ao português brasileiro.

語句

maneiras	［女］maneira 方法，仕方
diversidade	［女］多様性
enriquecido	enriquecer 豊かにする
tupi	［男］トゥピ語
iorubá	［男］ヨルバ語
quimbundo	［男］キンブンド語
topônimos	［男］topônimo 地名
tais	tal そんな，（＋como）…のような
relacionadas	relacionar 関連づける
fauna	［女］動物相
flora	［女］植物相
diária	diário 毎日の，日常の
a partir de	…以降
meados	［男］meado（期間の）中ごろ
espanhóis	espanhol スペイン（人・語）の
alemães	alemão ドイツ（人・語）の
etnias	［女］etnia 民族
empréstimos	［男］empréstimo 借り入れ，貸借
linguísticos	linguístico 言語（学）の
integrados	integrar 統合する

Exercícios sobre o texto

1. Por que o português brasileiro é considerado uma língua rica?

2. Marque com um X as palavras que não são de origem portuguesa:
   - (　) "capivara"
   - (　) "deletar"
   - (　) "estresse"
   - (　) "obrigado"
   - (　) "Paraná"
   - (　) "saquê"
   - (　) "saudade"
   - (　) "tchau"

冠詞・形容詞

名詞を修飾する語には，冠詞，形容詞，所有詞，指示詞など様々な品詞の語がありますが，これらの語はいずれも修飾する名詞の性数に一致させる必要があります。

この課では，冠詞と形容詞について見ていきます。

2.1 冠詞

冠詞には不定冠詞と定冠詞があります。いずれも男性単数形，男性複数形，女性単数形，女性複数形の4つの形を持ちます。

不定冠詞

	単　　数	複　　数
男　性	um carro	uns carros
女　性	uma casa	umas casas

＊後述するように，不定冠詞の複数形は「いくつかの」を意味します。

定冠詞

	単　　数	複　　数
男　性	o carro	os carros
女　性	a casa	as casas

(1) 不定冠詞の用法

①初めて話題に出る不特定のものに付けられます。「ある〜」，「ひとつの〜」を意味します。

Você pode me emprestar um lápis e uma caneta?

＊複数の場合は、Há frutas na mesa のように冠詞は付かず、名詞だけが複数形になります。

Há frutas na mesa.

②不定冠詞の複数形は「いくつかの〜」を意味します。

uns livros, umas mulheres

＊この場合，alguns livros や algumas mulheres と表現することもできます。

ただし，数詞の前に置かれる場合には「およそ～」を意味します。
uns vinte carros, umas cinquenta pessoas

③強調や限定の意味を表すことがあります。
Estou com um peso na consciência.

(2) 定冠詞の用法

①すでに話題に出た特定のものに付けられます。
O colega é muito amável.

②総称を表します。
O brasileiro é festivo.（L.22）
＊総称を表す場合に不定冠詞を用いることもあります。

③国名に付けられます。
o Brasil, o Japão, a Alemanha, os Estados Unidos, as Filipinas
＊Portugal, Angola, Cabo Verde, Guiné-Bissau, Moçambique, São Tomé e Príncipe, Timor-Leste, Cuba, Israel など定冠詞が付かないものもあります。
＊基本的に，都市名には定冠詞が付きませんが，次のように普通名詞に由来する地名には冠詞が付きます。
a Bahia, o Paraná, o Rio de Janeiro, o Recife, o Porto, o Cairo, a Flórida

④親しい間柄の人名に付けられます。
a Patrícia, o Maurício

2.2　形容詞

(1) 形容詞の位置

　形容詞は①のように修飾する名詞の後に置くのが一般的ですが，②のように短い形容詞は名詞の前に置くことがあります。また，③の um homem grande「体格

の大きい男性」と um grande homem「偉大な男性」のように，形容詞の位置によって意味が変わるものもあります。

 ① o português brasileiro, a origem africana, a vida diária
 ② bom dia, mau tempo
 ③ uma casa nova   uma nova casa
   um amigo velho   um velho amigo
   uma mulher pobre uma pobre mulher
   um executivo alto   um alto executivo

(2) 形容詞の性数変化

　形容詞も冠詞と同様に，修飾する名詞の性数によって変化します。辞書には，通常，形容詞の男性単数形が記載されています。複数形の作り方は，名詞の複数形の作り方と同じです。(→第1課：名詞)
　形容詞の男性形から女性形の作り方は次の通りです。

 ①男性単数形が-o で終わるものは-a に変換します。
  brasileiro → brasileira, diário → diária, caro → cara

 ②男性単数形が-o 以外の形容詞は男女同形
  atual, comum, cortês, feliz, grande, hindu, simples, superior
  ＊-ês,-or,-u で-a を加えるものもあります。
   português → portuguesa, voador → voadora, cru → crua, nu → nua
  ＊-eu は-eia や-ia となります。
   ateu → ateia, europeu → europeia, judeu → judia
  ＊-ão は-ã または-ona となります。
   cristão → cristã, são → sã, brincalhão → brincalhona

 ③形容詞によっては①や②とは異なる女性形を持つものがあります。
  bom → boa, mau → má

文法練習問題

1. 次の名詞に定冠詞・不定冠詞を付けて単語の意味を調べましょう。

   (1) água
   (2) jornal
   (3) mão
   (4) noite
   (5) línguas
   (6) vocábulos
   (7) escritora
   (8) bênção
   (9) pais
   (10) órfão
   (11) situação
   (12) trem
   (13) restaurante
   (14) tio
   (15) etnias
   (16) mês
   (17) dificuldade
   (18) ordem

2. 次の形容詞をそれぞれの名詞に一致した形にしましょう。

   (1) alto   aluno _____   aluna _____
                    alunos _____   alunas _____
   (2) português   professor _____   professora _____
                    professores _____ professoras _____
   (3) inteligente homem _____   mulher _____
                    homens _____   mulheres _____
   (4) fácil   material _____   materiais _____
   (5) simples   regra _____   regras _____
   (6) bom   _____ descanso   _____ ideia
                    _____ amigos   _____ féria

3. 下線部が名詞の性数に一致していない場合は書き直しましょう。

   (1) umas diretoras simpático
   (2) o nações
   (3) muito dicionários
   (4) os imagem
   (5) um vestidos marrom
   (6) os presidentes atual
   (7) a dia maravilhosa
   (8) muito gente

２つ以上の名詞と形容詞の一致

1. 形容詞が名詞の前に置かれる場合
基本的には隣接する名詞の性数に一致させます。
- 男性＋女性（単数）　　<u>mau</u> lugar e hora
- 女性＋男性（単数）　　<u>má</u> hora e lugar
- 男性＋女性（複数）　　<u>velhos</u> livros e revistas
- 女性＋男性（複数）　　<u>velhas</u> revistas e livros

＊隣接する名詞が単数でも，<u>ótimos</u> texto e conhecimentos や <u>formosas</u> irmã e tia のように，意味を明確にするために複数形が用いられることもあります。

2. 形容詞が名詞の後に置かれる場合
隣接する名詞の性数に一致させる方法の他に，男性形の名詞が1語でも含まれている場合には形容詞を男性複数形に，女性名詞ばかりであれば女性複数形にする方法があります。

(1) 文法上の性が同じ名詞
- 男性＋男性（単数のみ）　　terno e colete <u>claro</u> または
  　　　　　　　　　　　　　terno e colete <u>claros</u>
- 女性＋女性（単数のみ）　　calça e camisa <u>preta</u> または
  　　　　　　　　　　　　　calça e camisa <u>pretas</u>
- 男性＋男性（単数と複数）　ternos e colete <u>claro</u> または
  　　　　　　　　　　　　　ternos e colete <u>claros</u>
- 女性＋女性（単数と複数）　calças e camisa <u>preta</u> または
  　　　　　　　　　　　　　calças e camisa <u>pretas</u>

(2) 文法上の性が異なる名詞
- 男性＋女性（単数のみ）　　paletó e calça <u>preta</u> または
  　　　　　　　　　　　　　paletó e calça <u>pretos</u>
- 女性＋男性（単数のみ）　　calça e paletó <u>preto</u> または
  　　　　　　　　　　　　　calça e paletó <u>pretos</u>
- 男性＋女性（単数と複数）　paletós e calça <u>preta</u> または
  　　　　　　　　　　　　　paletós e calça <u>pretos</u>
- 女性＋男性（単数と複数）　calças e paletó <u>preto</u> または
  　　　　　　　　　　　　　calças e paletó <u>pretos</u>

サンパウロ市の歴史遺産ルス駅の駅舎に併設されたポルトガル語博物館

 ブラジル１：概説
Brasil I: Informações gerais

O Brasil é o maior país dentre as nações da América Latina, ocupando uma área de aproximadamente 8,5 milhões km², vinte e três vezes maior do que o Japão. A sua população, em constante crescimento, passou dos 200 milhões de habitantes em 2013 de acordo com o Instituto Brasileiro de Geografia e Estatística (IBGE). O povo brasileiro é formado por brancos de origem europeia, negros de origem africana, povos indígenas e asiáticos.

A bandeira do Brasil possui 4 cores: verde, amarelo, azul e branco, popularmente interpretadas como símbolos das florestas, das riquezas minerais, do céu e da paz do país respectivamente. As estrelas representadas na nossa bandeira correspondem ao aspecto do céu na cidade do Rio de Janeiro na madrugada do dia 15 de novembro de 1889, dia da Proclamação da República no Brasil.

語句

dentre	de + entre …の中で
nações	［女］nação 国，国家
ocupando	ocupar 占める，占有する
vezes	［女］vez …倍
habitantes	［男］habitante 住民，居住者
de acordo com	…によると
Instituto Brasileiro de Geografia e Estatística	ブラジル地理統計院
formado	formar 構成する
europeia	europeu ヨーロッパ（人）の
indígenas	indígena その土地で生まれた
cores	［女］cor 色
interpretadas	interpretar 解釈する
riquezas	［女］豊かさ，富，資源
minerais	mineral 鉱物の
representadas	representar 表す，描く
Proclamação da República	共和政宣言

Exercícios sobre o texto

1. Qual é a área do Brasil?

2. Quantas cores a bandeira do Brasil possui? O que cada cor significa segundo as interpretações populares?

3. Escreva os números por extenso:
    33 _____
    59 _____
    178 _____
    999 _____
    1.501 _____
    5.400 _____
    130.000 _____
    3.853 _____

主語人称代名詞・所有詞

3.1 主語人称代名詞

　伝統的に，ポルトガル語の主語人称代名詞は次のように表されます。ここでは，文法上の人称（1人称・2人称・3人称）が，それぞれ意味上の人称（自称・対称・他称）に対応しています。

	単　　数	複　　数
1人称（自称）	eu（私）	nós（私達）
2人称（対称）	tu（あなた）	vós（あなた達）
3人称（他称）	ele/ela（彼／彼女）	eles/elas（彼達／彼女達）

＊ele(s)/ela(s) は人以外も指します。

　ところが，現代のブラジル・ポルトガル語では，2人称単数形のtu（あなた）は一部の地域を除いて使用されず，2人称複数形のvós（あなた達）はきわめて形式ばった書き言葉を除くと姿を消しています。代わりに，文法上は3人称扱いのvocê（あなた）やvocês（あなた達）が使用され，次のような体系になっています。

	単　　数	複　　数
1人称（自称）	eu（私）	nós（私達）
3人称（対称）	você（あなた）	vocês（あなた達）
3人称（他称）	ele/ela（彼／彼女）	eles/elas（彼達／彼女達）

＊vocêをはじめとする対称詞が文法上3人称扱いになるのは，普通名詞に由来するためです。例えば，vocêはvossa mercêに由来します。
＊3人称として扱われる対称詞には他にも o(s) senhor(es)/a(s) senhora(s) があります。これらは，社会的地位の高い相手や年上の相手など，一定の距離を保つ必要のある相手に対して用いられます。

　この体系では，一部の代名詞は文法上の人称と意味上の人称が対応していないため，初めて目にする人には複雑な印象を与えてしまうかもしれません。しかし，ブラジルでは，2人称が単数も複数もほぼ姿を消したことで，1人称と3人称だけが残り，これから学ぶことになる動詞の活用は，むしろ簡略化されているといえます。

ポルトガル語は，本来，動詞の語尾変化で主語が明確になるため，主語を省略することが可能な言語です。ところが，主語人称代名詞の文法上の区別が簡略化されるということは，言い換えると，動詞の語尾変化で主語を明確にできないということになります。ブラジル・ポルトガル語では主語が省略されない傾向にあるのはそのためだといえます。

発展1　ブラジル・ポルトガル語における tu の使用

　2人称単数形の主語人称代名詞の tu（あなた）は，ポルトガルでは親しい話し手に対して高い頻度で用いられますが，ブラジルでは，その使用は一部の地域に限定されます。tu が使用される地域でも，場所や場面によっては Tu não vais? のように，動詞の変化が2人称単数形になることもあれば，Tu não vai? のように，3人称単数形になることもあります。

発展2　主語としての a gente の使用

　形式ばらない話し言葉では，1人称複数形の nós（私達）はあまり使用されず，代わりに文法上3人称単数形の a gente が用いられます。

　　Nós não vamos ao cinema.（1人称複数）
　　A gente não vai ao cinema.（3人称単数）

　次の表に見られるように，文法上1人称の代名詞は単数形の eu だけで，その他は全て3人称になるというのが，現代のブラジル・ポルトガル語の話し言葉の特徴だといえます。

	単　　数	複　　数
1人称	eu（私）	
3人称	a gente（私達）	
	você（あなた）	vocês（あなた達）
	ele/ela（彼／彼女）	eles/elas（彼達／彼女達）

3.2 所有詞

伝統的に主語人称代名詞に対応する所有詞は次の通りです。

人称・数	主語	男性・単数	男性・複数	女性・単数	女性・複数
1人称単数	eu	meu	meus	minha	minhas
2人称単数	tu	teu	teus	tua	tuas
3人称単数	ele/ela	seu	seus	sua	suas
1人称複数	nós	nosso	nossos	nossa	nossas
2人称複数	vós	vosso	vossos	vossa	vossas
3人称複数	eles/elas	seu	seus	sua	suas

ところが，3.1 主語人称代名詞で述べた変化によって，現代のブラジル・ポルトガル語では次のような所有表現が用いられます。

人称・数	主語	男性・単数	男性・複数	女性・単数	女性・複数
1人称単数	eu	meu	meus	minha	minhas
3人称単数	você	seu	seus	sua	suas
3人称単数	ele/ela	seu / dele/dela	seus / dele/dela	sua / dele/dela	suas / dele/dela
1人称複数	nós	nosso	nossos	nossa	nossas
3人称複数	vocês	seu / de vocês	seus / de vocês	sua / de vocês	suas / de vocês
3人称複数	eles/elas	seu / deles/delas	seus / deles/delas	sua / deles/delas	suas / deles/delas

＊ブラジルでも tu を用いる地域では，teu(s)/tua(s) が用いられます。
＊1人称複数の所有表現は，書き言葉や改まった話し言葉では (a) nossa casa のように所有詞を用いますが，くだけた話し言葉では，後述する名詞＋de＋主語人称代名詞の形に a gente を用いて，a casa da gente と表現することがあります。
＊「〜のもの」のように，単独で用いることもできます。
　Este boneco é meu e esse é seu.

上記の表から，seu(s)/sua(s) は，você（あなた），vocês（あなた達），ele/ela（彼／彼女），eles/elas（彼達／彼女達）のいずれの所有詞としても用いられることが

わかります。このような曖昧さを回避するために，とりわけブラジルの話し言葉では，seu(s)/sua(s) は você の所有に限定され，それ以外の場合には，名詞＋de＋主語人称代名詞の形が好んで用いられます。

主語	男性・単数	男性・複数	女性・単数	女性・複数
eu	(o) meu carro	(os) meus carros	(a) minha casa	(as) minhas casas
você	(o) seu carro	(os) seus carros	(a) sua casa	(as) suas casas
ele	o carro dele	os carros dele	a casa dele	as casas dele
ela	o carro dela	os carros dela	a casa dela	as casas dela
nós	(o) nosso carro	(os) nossos carros	(a) nossa casa	(as) nossas casas
vocês	o carro de vocês	os carros de vocês	a casa de vocês	as casas de vocês
eles	o carro deles	os carros deles	a casa deles	as casas deles
elas	o carro delas	os carros delas	a casa delas	as casas delas

＊括弧内の定冠詞は省略が可能です。しかし既述の名詞が省略される場合には必ず定冠詞を伴います。
　(A) minha casa é esta. Onde é a sua (casa)?
＊所有詞は通常，名詞の前に来ますが，um amigo meu や esse livro seu のように不定冠詞や指示詞などが先行すると名詞の後に来る傾向があります。

　一方で，改まった書き言葉などでは，seu(s)/sua(s) は，他称詞の所有を表す場合にも用いられます。その所有詞の指す内容は，前後の文脈で判断することができます。次の例のように，本文中でも度々これらの所有詞が用いられていますが，それらが指し示すものは，大半の場合において，既述の名詞を受けたものです。
　A sua população (＝a população do Brasil) passou dos 200 milhões de habitantes em 2013.（L.3）

発展3── 主語や目的語にもなる所有詞

　所有詞は必ずしも所有を表す訳ではありません。文脈によっては，修飾する名詞の目的語や主語になることもあります。
　　Ela está à minha espera.（彼女は私を待っています）
　　Elas estão à nossa procura.（彼女達は私たちを探しています）
　　Estamos tristes com a sua partida.（私達はあなたが行ってしまったことを悲しく思っています）

文法練習問題

1. 例にならって名詞と括弧内の代名詞の所有関係を表しましょう。

    例） o relógio（eu）→ o meu relógio

    (1) o pai（eu）
    　　o pai（tu）
    　　o pai（você）
    　　o pai（nós）
    　　o pai（vocês）
    　　o pai（ela）
    (2) a mãe（eu）
    　　a mãe（tu）
    　　a mãe（você）
    　　a mãe（nós）
    　　a mãe（vocês）
    　　a mãe（eles）
    (3) os irmãos（eu）
    　　os irmãos（nós）
    　　os irmãos（ele）
    (4) as irmãs（tu）
    　　as irmãs（você）
    　　as irmãs（elas）
    (5) o professor（nós）
    　　o professor（vocês）
    (6) o avô（você）
    (7) a avó（você）
    (8) os avós（eu）
    (9) as avós（eu）
    (10) a família（eu）
    　　 a família（você）
    (11) o/a colega（tu）
    　　 o/a colega（nós）
    (12) o amigo（Paulo）
    　　 o amigo（ele）

2. 下線部が名詞の性数に一致していない場合は書き直しましょう。

    (1) o meu colegas japonês
    (2) muito amigas meu
    (3) a minha chocolate belga favorito
    (4) muito documentos dele
    (5) os seus irmão
    (6) os nossos país
    (7) um prima meu
    (8) as suas lençóis branca

コラム 3

主な単位の読み方

mm	milímetro	g	grama
cm	centímetro	kg	quilograma（= quilo）
m	metro	t	tonelada
km	quilômetro	l/L	litro
㎡	metro quadrado	s	segundo
㎥	metro cúbico	min	minuto
℃	grau Celsius	h	hora
W	watt	cal	caloria
V	volt	MB	megabyte

＊日常会話では，quilograma を quilo と表現することがあります。ただし，quilômetro は quilo とはいわないので注意が必要です。

＊grama は本来男性名詞ですが，ブラジルの日常会話で，Me dá duzentas gramas de queijo. のように女性名詞として用いられるケースが頻繁に見受けられます。

＊気温や体温を表現する場合，通常，数詞の後に grau のみを加えます。20度であれば20 graus となり，氷点下5度では5 graus negativos または5 graus abaixo de zero となります。

Lição 4 — ブラジル2：5つの地域
Brasil II: Suas cinco regiões

O Brasil é formado por 26 estados e o Distrito Federal que é a capital Brasília. Conforme a divisão regional estabelecida pelo IBGE, o país é dividido em cinco regiões: Sul, Sudeste, Centro-Oeste, Nordeste e Norte. Essas regiões são muito diferentes entre si. Por exemplo, a região Norte, onde predomina o clima equatorial, é quente e úmida praticamente o ano todo. Já na região Sul, que apresenta as temperaturas mais baixas do país, há ocorrências de geadas e neve na estação do inverno. Essas diferenças se devem à grande latitude do país, que abrange quase a metade do continente sul-americano. A flora e a fauna brasileiras são riquíssimas, com vários e complexos ecossistemas em seu território como a Floresta Amazônica, o Pantanal e o Cerrado.

ブラジルの地域

語句

Distrito Federal	連邦区
conforme	…によれば，…にしたがって
estabelecida	estabelecer 確立する，制定する
dividido	dividir 分割する
regiões	［女］região 地方，地域
Sul	［男］南部
Sudeste	［男］南東部
Centro-Oeste	［男］中西部
Nordeste	［男］北東部
Norte	［男］北部
equatorial	赤道の
úmida	úmido 湿気の多い
ocorrências	［女］ocorrência 発生
dever-se	(+ a)〈原因を〉…に帰する
sul-americano	南アメリカの
riquíssimas	rico の絶対最上級（⇒ L.10）
ecossistemas	［男］ecossistema 生態系
Floresta Amazônica	アマゾン熱帯雨林
Pantanal	［男］パンタナル（平原）
Cerrado	［男］セラード

Exercícios sobre o texto

1. Em quantos estados o Brasil é dividido politicamente?

2. Qual é a capital do Brasil?

3. Em quantas províncias o Japão é dividido? Quais são as mais importantes?

4. Qual é o significado das palavras abaixo?
    a) clima equatorial
    b) flora
    c) fauna
    d) ecossistemas

指示詞

　ポルトガル語の指示詞は，3項体系を成します。話し手に近いものを指す近称（これ／この），聞き手に近いものを指す中称（それ／その），両者から離れたものを指す遠称（あれ／あの）です。
　指示詞には，次の表に見られるように，修飾する名詞の性数によって語形が変化するものと，変化しないものがあります。

	不変化	性数変化			
		男性・単数	男性・複数	女性・単数	女性・複数
近　称	isto	este	estes	esta	estas
中　称	isso	esse	esses	essa	essas
遠　称	aquilo	aquele	aqueles	aquela	aquelas

(1) 不変化形（isto, isso, aquilo）

　正体が不明な物について尋ねる場合や既述の事柄を指す場合に用いられる代名詞です。性数変化は受けず，単独で用いられます。

　　O que é isso? – Isto é um dicionário eletrônico.
　　O que é isto? – Isso são maracujás.
　　＊動詞 ser の後に複数の名詞が来ると，ser は複数形になります。（→コラム 8）

　　O que é aquilo? – Aquilo é o berimbau do Bruno.
　　Eu confio muito em você. Você sabe disso, não é?
　　＊tudo isto/isso/aquilo のように不定代名詞 tudo を伴うことがあります。
　　＊Isso é bom. のように形容詞と用いられる場合，形容詞は男性単数形です。

(2) 変化形（este, esse, aquele など）

特定のものを指す場合に用いられます。通常，修飾する名詞の前に置かれ，その名詞の性数に一致させます。

	男性・単数	男性・複数	女性・単数	女性・複数
近　称	este carro	estes carros	esta casa	estas casas
中　称	esse carro	esses carros	essa casa	essas casas
遠　称	aquele carro	aqueles carros	aquela casa	aquelas casas

単独でも用いられます。その場合も，指し示す名詞の性数に一致させます。
　Essas regiões são muito diferentes entre si. (L.4)
　Estas são as diferenças entre o português do Brasil e o de Portugal.
　As semelhanças são apenas estas.

主に書き言葉において，次の例のように，este と aquele がそれぞれ「後者」と「前者」の意味で用いられることがあります。
　Nos Estados Unidos existem dois partidos políticos tradicionais, os Republicanos e os Democratas: aqueles conservadores e estes liberais.

ここでは，aqueles は Republicanos を指し，estes は Democratas を指しています。つまり，近い方の名詞を指す場合には近称を，遠い方の名詞を指す場合には遠称を用います。この場合も，名詞の性数に一致させることを忘れないでください。

(3) 場所を表す副詞との共起

これらの指示詞は，場所を表す副詞とともに頻繁に用いられます。

	指　示　詞	副　詞
近　称	isto, este（およびその変化形）	aqui, cá
中　称	isso, esse（およびその変化形）	aí
遠　称	aquilo, aquele（およびその変化形）	ali, lá

O que é isso aí? – Isto aqui é uma calculadora.
Essa carteira aí é do meu irmão.
Aquele ali é o prédio mais alto da cidade e o mais baixo fica lá.

発展 — ブラジル・ポルトガル語の中称詞の特徴

　ブラジル・ポルトガル語の話し言葉では，esse（およびその変化形）の使用と este（およびその変化形）の使用が明確に区別されない傾向にあります。つまり，esse が este の領域にまで拡大しつつあるのです。
　一例を挙げると，形式ばらない会話やメールなどで，「ここ３日間」という際に，esses três dias（= estes três dias），「この本」であれば，esse livro aqui（= este livro aqui）となることがあります。後者の例では，場所を表す副詞が近称か中称を区別する重要な働きをしています。
　同様の傾向は，不変化の指示代名詞 isto と isso にも起こります。

コラム4　ブラジルの世界遺産

　2015年12月現在，ブラジル国内には，ユネスコの世界遺産に登録されている遺産が19件あります。そのうち12件が文化遺産で，7件が自然遺産です。これから，それぞれの遺産が位置する地域ごとに，登録名と登録年を紹介していきますが，まずは世界遺産に関する名称をポルトガル語でどう表すか見てみましょう。

ユネスコ	Organização das Nações Unidas para a Educação, a Ciência e a Cultura（略称は UNESCO）
世界遺産	Patrimônio Mundial
文化遺産	Patrimônio Cultural
自然遺産	Patrimônio Natural

＊本書に挙げた世界遺産のポルトガル語名称については，ユネスコHPの世界遺産リスト（英語表記）を参照したうえで，同リストをポルトガル語に翻訳したページ（http://www.unesco.org/new/pt/brasilia/culture/world-heritage/list-of-world-heritage-in-brazil/）の表記を元に，ブラジルの公的機関に掲載されている名称と照合して確定しました。また，日本語表記については，日本ユネスコ協会連盟等の日本語表記を参考にしました。

文法練習問題

1. 適切な指示詞（不変化形）と冠詞を入れましょう。冠詞が不要な場合は×と書きましょう。

    (1) ＿＿＿＿ aí é ＿＿＿＿ dicionário.
    (2) ＿＿＿＿ aqui são ＿＿＿＿ lapiseiras.
    (3) ＿＿＿＿ lá é ＿＿＿＿ escola.
    (4) ＿＿＿＿ aqui é ＿＿＿＿ computador do meu professor.
    (5) ＿＿＿＿ ali são ＿＿＿＿ revistas.

2. 適切な指示詞（変化形）を入れましょう。

近　称	中　称	遠　称
celulares	regiões	ponte
toalha	cartão	rapazes
mapa	países	crianças
moedas	firma	cartaz

3. 例にならって文を完成させましょう。

    例：O que é aquilo?
    　　óvni → Aquilo é um óvni!
    　　falso → Aquele óvni é falso.

    (1) O que é isto?
    　　robô →
    　　meu →

    (2) O que é isso?
    　　sementes →
    　　raro →

    (3) O que é aquilo?
    　　animais →
    　　selvagem →

4. 下線部が名詞の性数に一致していない場合は書き直しましょう。

    (1) aqueles motos azul
    (2) estas temas
    (3) essa amiga meu
    (4) este lanchonete
    (5) aquelas três sofás
    (6) este professores francês
    (7) aquele exercícios fácil
    (8) esse país problemático

Lição 5

北部 1：ブラジル最大の地域

Norte I: A maior de todas as regiões

A partir desta lição vamos estudar sobre as cinco regiões que formam o Brasil. Começamos pela região Norte, composta por sete estados: Acre, Amapá, Amazonas, Pará, Rondônia, Roraima e Tocantins.

A maior dentre as cinco regiões em extensão territorial, o Norte possui uma área de 3.853.327 km², que corresponde a aproximadamente 45% da área total do país. Para se ter uma ideia melhor da sua imensidão territorial, ela é maior do que a Índia e um pouco menor do que toda a União Europeia. Sua população é de 17,2 milhões de habitantes. Se falarmos na densidade populacional, ela é a região menos povoada com grandes vazios demográficos. O clima predominante da região é o equatorial, similar ao do sudeste da Ásia.

語句

pela	por + a
composta	compor 構成する
extensão	［女］広がり，面積
territorial	領土の，土地の
imensidão	［女］広大さ，巨大さ
menor	より小さい，（＋定冠詞・所有詞）最も小さい
União Europeia	欧州連合
densidade	［女］濃さ，密度
populacional	人口の
povoada	povoar 居住する
vazios	［男］vazio 空虚，空白
demográficos	demográfico 人口統計学（上）の
similar	（＋a）…と似た，同質の
predominante	有力な，支配的な

Exercícios sobre o texto

1. A região Norte do Brasil é:
    a) a menor das regiões.
    b) a maior das regiões.
    c) a mais bonita das regiões.
    d) a mais rica das regiões.
    e) nenhuma das afirmações acima.

2. Pesquise e responda o que são "vazios demográficos".

3. No Japão há áreas com "vazios demográficos"? Onde?

直説法現在形 1 ── 動詞 ser と estar

5.1 動詞の仕組み

(1) 3つの分類

ポルトガル語の動詞の不定詞（原形）は，-ar, -er, -ir のいずれかで終わります。
-ar：第1活用動詞（fal<u>ar</u>）
-er：第2活用動詞（entend<u>er</u>）
-ir：第3活用動詞（abr<u>ir</u>）
＊pôr（およびその派生語）は，第2活用動詞に含まれるものとします。

(2) 動詞の語形変化

動詞は，法（直説法，接続法など），時制（現在，完了過去，半過去，未来など），人称（1人称，2人称，3人称），数（単数，複数）によって語形が変化します。

基本的には，意味を担う動詞の語幹に法，時制，人称，数を表す活用語尾を付加します。

次の例では，「話す」を意味する語幹 fal- に活用語尾 -o や -ei が付加され，falo は「私は話します」，falei は「私は話しました」を意味します。

語幹	活用語尾
fal	o（直説法・現在・1人称・単数）
fal	ei（直説法・完了過去・1人称・単数）

このように，活用語尾で主語がわかるため，主語を省略することが可能になります。

(3) 法と時制

　ポルトガル語には主に直説法と接続法という2つの法が存在します。その違いは次の通りです。

　　直説法：ある事柄を事実として客観的に述べます。
　　接続法：希望，疑問，仮定などの考えを主観的に述べます。

　このような意味上の違いはあるものの，いずれの法を選択すべきかは形式的に決まる場合がほとんどです。形式上または意味上の何らかの制約がある場合には接続法が用いられますが，そのような制約がない限りは一般的に直説法が用いられます。そのため，接続法と比べると直説法の使用頻度はきわめて高くなります。
　次にポルトガル語の法と時制の関係を見てみます。ポルトガル語の時制には単純時制と複合時制があります。前者は，動詞に活用語尾が付加されるもので，後者は，ter（または haver）＋過去分詞で表されるものです。具体例として，動詞 falar の1人称単数形をそれぞれの法・時制に活用させたものを括弧内に入れています。

		単純時制	複合時制
直説法	現在（falo）		
	半過去（falava）		
	完了過去（falei）		複合完了過去（tenho falado）
	大過去単純形（falara）		大過去複合形（tinha falado）
	未来（falarei）		複合未来（terei falado）
	過去未来（falaria）		複合過去未来（teria falado）
接続法	現在（fale）		完了過去（tenha falado）
	半過去（falasse）		大過去（tivesse falado）
	未来（falar）		複合未来（tiver falado）

以下の7つの時制は，直説法現在形，直説法完了過去形，不定詞（原形）から作られます。

直説法現在	→	接続法現在
直説法完了過去	→	直説法大過去単純形
		接続法半過去
		接続法未来
不定詞（原形）	→	直説法半過去
		直説法未来
		直説法過去未来

＊現在分詞や人称不定詞も不定詞（原形）から作ります。

(4) 規則動詞・不規則動詞・語幹母音変化動詞

　ある一定のパターンで規則的に変化する動詞を規則動詞と呼び，これらのパターンとは大きく異なる変化をする動詞を不規則動詞と呼びます。不規則動詞は，直説法現在形だけではなく，直説法完了過去形も変則的です。さらに，これら2つの分類に加えて，動詞によっては，直説法現在形の一部の人称・数だけが不規則に変化するものがあります。これらは，直説法現在では語幹母音や子音の一部が変化しますが，直説法完了過去では規則的に変化します。本書では，これらの動詞を語幹母音変化動詞として扱います。

5.2　動詞 ser と estar の活用と用法

　まずは，ポルトガル語の動詞の中でも使用頻度の高い動詞 ser と estar の活用から見ていきます。
　ser も estar も不規則動詞です。現代のブラジル・ポルトガル語では一部の地域を除いて2人称は使用しないということでしたが，本書では，現代のポルトガルのポルトガル語やポルトガル語の古典に触れることも想定した上で，2人称の活用も掲載します。

	SER	ESTAR
1人称・単数	sou	estou
2人称・単数	és	estás
3人称・単数	é	está
1人称・複数	somos	estamos
2人称・複数	sois	estais
3人称・複数	são	estão

いずれの動詞も英語の be 動詞に相当するため，日本語に訳すと「〜である」，「〜になる」，「〜にある（いる）」を意味しますが，両者は明確に区別されます。

動詞 ser と estar の基本的な使い分けは次の通りです。

ser ：永続的・本質的な性質や所在を表します。

estar：一時的な状態や所在を表します。

比較してみましょう。

A aula é interessante.

A aula está interessante hoje.

Onde é o correio? – É perto da estação.

Onde está o seu carro? – Está em frente de casa.

(1) 動詞 ser の主な用法

①日付・曜日・時間などを表します。

Que dia é hoje? – Hoje é dia 12 de junho. É o dia dos namorados.

Que dia da semana é hoje? – Hoje é quinta-feira.

Que horas são? – São dez para o meio-dia.（→コラム 5）

②名前・国籍・職業・身分などを表します。

Qual/Como é o seu nome? – O meu nome é Adriana Oliveira.

Qual é a sua nacionalidade? – Eu sou brasileira.

Qual é a sua profissão? – Sou estudante de Letras.

Sou solteira/casada.

③ ser ＋ de ＋名詞：出身・所有・材料を表します。
　　De onde ele é? – Ele é do Brasil.
　　De quem é esta bolsa? – É da Sandra.
　　As paredes são de azulejo.

④建物や土地などの所在を表します。
　　Onde é a biblioteca?
　　Onde são os Açores?
　　＊ブラジルでは所在を表す場合，動詞 ficar が頻繁に用いられます。
　　　Onde fica a biblioteca? Onde ficam os Açores?

(2) 動詞 estar の主な用法

①［estar ＋形容詞・副詞］，［estar ＋ com ＋抽象名詞］：一時的な状態を表します。
　　As portas e as janelas estão abertas.
　　Você está animado para aprender português e conhecer o Brasil?（L.1）
　　Como você está? – Não estou muito bem. Acho que estou com febre.
　　Estou com fome e sede. E você? – Eu estou com muito sono.

②一時的な人や物の所在を表します。
　　Onde você está? – Estou em casa.
　　Onde está a minha bicicleta? Não está na garagem!
　　＊くだけた話し言葉では，Cadê você? や Cadê a minha carteira? のように，cadê (<quede< que é de) という表現が用いられることがあります。

③ estar の 3 人称単数形：天候を表します。
　　Como está o tempo? – Hoje está nublado.
　　＊普遍的な事実を述べる場合には動詞 ser が用いられます。
　　　O Canadá é frio. As Bahamas são quentes.

④ estar ＋現在分詞：進行形を表します。（→第 15 課：現在分詞）
　　Os meninos estão jogando bola.

文法練習問題

1. 括弧内に動詞 ser か estar を活用させましょう。

   (1) NUMA ENTREVISTA NA RUA

   Entrevistador: – Boa tarde. Qual (　　　　) o seu nome? E qual
   　　　　　　　　(　　　　) a sua idade?

   José: 　　　　– O meu nome (　　　　) José Souza e tenho 20 anos.

   Entrevistador: – Qual (　　　　) a sua nacionalidade?

   José: 　　　　– (　　　　) brasileiro, mas os meus pais (　　　　)
   　　　　　　　　alemães.

   Entrevistador: – Por isso o seu português (　　　　) um pouco
   　　　　　　　　diferente. Agora, de onde você (　　　　)?

   José: 　　　　– Eu (　　　　) de Blumenau, Santa Catarina. Mas
   　　　　　　　　neste momento (　　　　) aqui em São Paulo para
   　　　　　　　　uma entrevista de emprego.

   Entrevistador: – Onde (　　　　) o local da entrevista?

   José: 　　　　– (　　　　) numa empresa. Ela (　　　　) ao lado
   　　　　　　　　do Hotel Paraíso. Se não me engano, eu já
   　　　　　　　　(　　　　) perto.

   Entrevistador: – Sim, nós (　　　　) pertinho. Como você
   　　　　　　　　(　　　　) se sentindo agora?

   José: 　　　　– (　　　　) muito nervoso... Aliás, (　　　　) com
   　　　　　　　　muito calor porque (　　　　) de terno e gravata,
   　　　　　　　　apesar do verão! Desculpe, que horas (　　　　)
   　　　　　　　　agora?

   Entrevistador: – (　　　　) meio-dia e meia.

   José: 　　　　– Nossa! Já (　　　　) quase na hora da entrevista!

   Entrevistador: – Muito obrigado pelo seu tempo. Boa sorte!

(2) CONVERSA ENTRE AMIGOS

Marcelo: – Que dia (   ) hoje?
Renata: – Hoje (   ) 1º de dezembro.
Marcelo: – Já (   ) em dezembro? Você já reparou que este ano
(   ) menos quente?
Renata: – (   ) verdade. Normalmente o verão daqui
(   ) quente e úmido.

コラム 5 — 時間の表現

Que horas são?（何時ですか？）
Você tem horas?（時間がわかりますか？）

1. ○時です。

    É meio-dia. É meia-noite.

    É uma (hora). São duas (horas). São três (horas).

* 「1時ちょうどです」は，É uma hora <u>em ponto</u> です。
* 「朝の6時です」，「昼の2時です」，「夜の8時です」はそれぞれ，São seis (horas) <u>da manhã</u>, São duas (horas) <u>da tarde</u>, São oito (horas) <u>da noite</u> となります。

2. ○時半です。

    É meio-dia e meia (hora). É meia-noite e meia (hora).

    É uma (hora) e meia (hora). São duas (horas) e meia (hora).

* 「30分」を表す際に，trinta minutos を使用することもできますが，meia (hora) を用いる方が一般的です。

3. ○時○分です。

    É meio-dia e quarenta (minutos).

    É uma (hora) e quinze (minutos).

    São duas (horas) e vinte (minutos).

4. ○時○分前です。

    São/Faltam cinco (minutos) para a uma (hora).

    São/Faltam dez (minutos) para as duas (horas).

    São/Faltam quinze (minutos) para o meio-dia.

    É/Falta um (minuto) para a meia-noite.

Lição 6

北部２：緑豊かなアマゾン
Norte II: A exuberante Amazônia

A Floresta Amazônica – um dos maiores e mais complexos ecossistemas do mundo – encanta visitantes com suas belezas naturais. Conhecer a exuberância de sua flora e fauna e navegar pelo impressionante rio Amazonas é uma aventura única e inesquecível.

O Festival Folclórico de Parintins no estado do Amazonas, que teve início na década de 1960, tornou-se a mais famosa manifestação folclórica da região. Realizado anualmente no último fim de semana de junho, o festival tem como ponto alto a disputa entre dois bois, o "Garantido" de cor vermelha e o "Caprichoso" de cor azul e suas apaixonadas torcidas. Vence aquele que fizer a melhor apresentação perante o público e os jurados.

Por último, não podemos deixar de mencionar a Zona Franca de Manaus, maior e mais importante fonte econômica da região amazônica. Conhecida também como área de livre comércio, ainda hoje, esta área atrai pessoas de várias partes do país que procuram adquirir produtos importados por preços mais acessíveis.

語句

visitantes	[男・女]visitante 訪問者，観光客
naturais	natural 自然の
exuberância	[女]横溢，豊かさ
o rio Amazonas	アマゾン川
única	único 唯一の，比類のない
Festival Folclórico	フォークロア・フェスティヴァル
Parintins	パリンチンス（アマゾナス州東部の都市）
manifestação	[女]表現，現れ
ponto alto	ハイライト，呼び物
apaixonadas	apaixonado 情熱的な
torcidas	[女]torcida 応援団
público	[男]公衆，一般の人々
jurados	[男]jurado 審査員
por último	最後に
deixar	（+ de +不定詞）…するのをやめる，…せずにいる
Zona Franca de Manaus	マナウス・フリーゾーン
fonte	[女]泉，源泉
livre comércio	自由貿易
importados	importar 輸入する
acessíveis	acessível 近づきやすい，入手しやすい

Exercícios sobre o texto

1. Se você fosse visitar um estado da região Norte, qual você visitaria? Por quê?

2. Há algum festival folclórico em sua cidade? Qual? Explique para o seu colega sobre ele.

3. Complete o quadro abaixo com exemplos da flora e da fauna japonesas:

Flora	Fauna

直説法現在形 2 ── 規則動詞・語幹母音変化動詞

この課では，規則動詞と語幹母音変化動詞の直説法現在形の活用と用法について見ていきます。

6.1 規則動詞の活用

すでに述べたように，直説法現在形の活用は，その他の活用の基本形ともなるのでしっかり覚えましょう。

規則動詞の直説法現在形の語尾変化は次の通りです。

第1活用動詞（-ar）	-o	-as	-a	-amos	-ais	-am
第2活用動詞（-er）	-o	-es	-e	-emos	-eis	-em
第3活用動詞（-ir）	-o	-es	-e	-imos	-is	-em

実際に活用させてみましょう。

	第1活用動詞 FALAR	第2活用動詞 ENTENDER	第3活用動詞 PARTIR
1人称単数形	falo	entendo	parto
2人称単数形	falas	entendes	partes
3人称単数形	fala	entende	parte
1人称複数形	falamos	entendemos	partimos
2人称複数形	falais	entendeis	partis
3人称複数形	falam	entendem	partem

-cer, -ger/-gir, -guer/-guir で終わる動詞の1人称単数形の綴りに注意してください。

　-cer: conhecer → conheço

　-ger/-gir: proteger → protejo, corrigir → corrijo

　-guer/-guir: erguer → ergo, distinguir → distingo

6.2 語幹母音変化動詞の活用

動詞の中には，語幹母音や子音の一部が不規則に変化するものがあります。ただし，これらの動詞は，直説法完了過去形では規則通りに変化します。次にその代表的なものの活用を見ていきます。

第1活用動詞

	① PASSEAR	② ODIAR
1人称単数形	passeio	odeio
2人称単数形	passeias	odeias
3人称単数形	passeia	odeia
1人称複数形	passeamos	odiamos
2人称複数形	passeais	odiais
3人称複数形	passeiam	odeiam

＊①には cear, chatear, estrear, nomear, recear などがあります。
＊②には ansiar, incendiar, mediar, remediar などがあります。ただし anunciar, copiar, maquiar, negociar, variar など規則的に変化するものもあります。

第2活用動詞

	③ PERDER	④ LER
1人称単数形	perco	leio
2人称単数形	perdes	lês
3人称単数形	perde	lê
1人称複数形	perdemos	lemos
2人称複数形	perdeis	ledes
3人称複数形	perdem	leem

＊④には crer などがあります。

第3活用動詞

	⑤ SENTIR	⑥ PROGREDIR
1人称単数形	sinto	progrido
2人称単数形	sentes	progrides
3人称単数形	sente	progride
1人称複数形	sentimos	progredimos
2人称複数形	sentis	progredis
3人称複数形	sentem	progridem

＊⑤には conseguir, despir, divertir, investir, mentir, preferir, referir, repetir, seguir, servir, sugerir, vestir などがあります。
＊⑥には agredir, prevenir などがあります。

	⑦ DORMIR	⑧ SUBIR
1人称単数形	durmo	subo
2人称単数形	dormes	sobes
3人称単数形	dorme	sobe
1人称複数形	dormimos	subimos
2人称複数形	dormis	subis
3人称複数形	dormem	sobem

＊⑦には cobrir, descobrir, engolir, tossir などがあります。
＊⑧には consumir, cuspir, fugir, sacudir, sumir などがあります。

	⑨ OUVIR	⑩ SAIR
1人称単数形	ouço	saio
2人称単数形	ouves	sais
3人称単数形	ouve	sai
1人称複数形	ouvimos	saímos
2人称複数形	ouvis	saís
3人称複数形	ouvem	saem

＊ouvir の1人称単数形に oiço が用いられることがあります。
＊⑨には pedir, medir などがあります。
＊⑩には cair, distrair, extrair, trair などがあります。これらの動詞は，その他の時制においてもアクセント記号の有無に注意してください。

発展　語幹母音変化動詞

語幹母音変化動詞には，vestir のように語幹母音の変化が綴り字に現れるものもあれば，次の levar や dever のように，一見，規則動詞に見えても，実は語幹母音が変化するものもあります。

第1活用動詞の levar，第2活用動詞の dever，第3活用動詞の vestir の1人称単数形を比べると，語幹母音の e がそれぞれ，[ɛ]，[e]，[i]と変化することがわかります。

	LEVAR[e]	DEVER[e]	VESTIR[e]
1人称単数形	levo[ɛ]	devo[e]	visto[i]
2人称単数形	levas[ɛ]	deves[ɛ]	vestes[ɛ]
3人称単数形	leva[ɛ]	deve[ɛ]	veste[ɛ]
1人称複数形	levamos[e]	devemos[e]	vestimos[e]
2人称複数形	levais[e]	deveis[e]	vestis[e]
3人称複数形	levam[ɛ]	devem[ɛ]	vestem[ɛ]

このことは，語幹母音が o の gostar, sofrer, dormir のような動詞にも起こり，1人称単数形は，それぞれ gosto[ɔ]，sofro[o]，durmo[u]となります。

6.3　直説法現在形の用法

直説法現在形の主な用法は次の通りです。

①現在において継続中の事柄を表します。
　　Eu aprendo português na escola.
　　Não enxergo bem sem as minhas lentes de contato.

②現在において習慣的に行われる事柄を表します。
　　Ele fuma e toma café depois do jantar.
　　Sempre leio jornais na biblioteca.

③近接未来を表します。
> Lá vem o ônibus. Amanhã eu ligo para você.
> Daqui a pouco voltamos com mais notícias.

④普遍的な事実を表します。
> A água se compõe de hidrogênio e oxigênio.

⑤歴史的現在を表します。
> A ditadura no Brasil começa em 1964.

文法練習問題

1. 次の動詞を直説法現在形に活用させましょう。

	esquecer	crer	pedir	sugerir	fugir
1人称単数形					
2人称単数形					
3人称単数形					
1人称複数形					
2人称複数形					
3人称複数形					

2. 括弧内の動詞を直説法現在形に活用させましょう。

　（1）– Em que andar a senhora （morar）?
　　　– （morar） no 8º andar.
　　　– A senhora sempre （usar） o elevador, não é?
　　　– （usar）. Eu （odiar） escadas. Mas o meu marido sempre （subir） e （descer） as escadas.

　（2）– O que vocês （aprender） na universidade?
　　　– （aprender） português. Já （falar） e （escrever） um pouco.

　（3）– Quantas horas o seu filho （assistir） à TV por dia?
　　　– （assistir） 4 horas. Se não （assistir）, （jogar） videogame.

　（4）– Peixe ou carne vermelha, qual você （preferir）?
　　　– （gostar） de ambos. Mas （preferir） peixe.

3. 次の動詞を用いて週末の出来事をポルトガル語で表現してみましょう。

> acordar, tomar café da manhã, almoçar, sair, passear, ler, ouvir música, chegar em casa, estudar, trabalhar, assistir a, jantar, tomar banho, deitar-se, dormir

4. 下線部を複数形にして全文を書き直しましょう。

(1) Este móvel é antigo.
(2) Ela é muito gentil.
(3) A minha mão está seca e gelada.
(4) O rapaz estuda de dia e trabalha à noite.
(5) O nosso professor espanhol não entende japonês.

コラム 6

世界遺産・北部

　ブラジル北部にある世界遺産は，アマゾナス州に広がる「中央アマゾン保全地域群」（Complexo de Conservação da Amazônia Central）で，自然遺産に認定されています。2000年に登録された際，認定されたのはジャウー国立公園（o Parque Nacional do Jaú）だけでしたが，2003年にその周辺にあるマミラウア持続可能な開発保護区（a Reserva de Desenvolvimento Sustentável Mamirauá），アマナン持続可能な開発保護区（a Reserva de Desenvolvimento Sustentável Amanã），アナヴィリャナス国立公園（o Parque Nacional Anavilhanas）にも登録範囲が拡大され，現在の登録名に改称されました。
　北部の世界遺産はこの1件だけですが，その面積は2.3万平方キロメートルを超えており，多種多様な動植物が生息している大自然の宝庫です。

アマゾン川クルーズで熱帯雨林の世界を体感

アマゾンナイトツアーで野生のワニ見学

Lição 7

北部３：ベレンとマナウス
Norte III: Belém e Manaus

Manaus e Belém, as capitais dos estados do Amazonas e do Pará respectivamente, são as maiores cidades da região Norte e importantes centros turísticos e históricos. É interessante saber que há entre as duas capitais uma "rivalidade" pela disputa da principal cidade da região.

A capital amazonense se orgulha pelo seu Teatro Amazonas, símbolo do auge da riqueza do "ciclo da borracha". Considerado um dos mais belos teatros brasileiros, ele foi tombado como patrimônio histórico nacional em 1966. Manaus também atrai milhares de pessoas que gostam da natureza por ser a porta de entrada brasileira para conhecer a Floresta Amazônica.

Já a capital paraense, Belém é a que recebe anualmente mais turistas na região. Entre seus vários atrativos estão a arquitetura que pode ser vista no Theatro da Paz e no Mercado do Ver-o-Peso e a singular culinária de raízes indígenas como o típico "pato no tucupi" e o "tacacá".

語句

capitais	［女］capital 首都，州都，主都
turísticos	turístico 観光の
históricos	histórico 歴史的な
rivalidade	［女］対抗心，張り合い
amazonense	アマゾナス州の
orgulha	orgulhar-se 誇る
auge	［男］絶頂，最盛期
ciclo	［男］周期，（経済）サイクル
tombado	tombar 文化財として指定し保存する
patrimônio	［男］遺産，伝承物
milhares	［男］milhar 千の位，［複 + de ～］多数の，何千もの…
paraense	パラ州の
atrativos	［男］atrativo 魅力（あるもの）
vista	ver 見る，観察する
singular	独特な，珍しい
raízes	［女］raiz 根，［複］物事の根源・起源，ルーツ
tucupi	［男］トゥクピ〈キャッサバの根の搾り汁で作った黄色いソース〉
tacacá	［男］タカカ〈トゥクピに，練ったキャッサバ粉，ジャンブーの葉，干しエビなどを加えて作ったスープ〉

Exercícios sobre o texto

1. Após ler com atenção a lição, compare as cidades de Manaus e Belém.

2. Pesquise na internet sobre a culinária da região norte:
    a) Pratos típicos
    b) Principais ingredientes

3. Você gostaria de experimentar algum? Por quê?

直説法現在形 3 ― 不規則動詞

この課では，不規則動詞の直説法現在形の活用と用法について見ていきます。

7.1　不規則動詞の活用

本書では，第 6 課で見た動詞 ser と estar に加えて，次の 13 の動詞（およびこれらの動詞から派生した動詞）を不規則動詞として扱います。いずれも使用頻度が高いだけでなく，直説法現在形と直説法完了過去形に不規則性が見られる点で共通しています。

	IR	TER	FAZER	HAVER	DAR
1 人称単数形	vou	tenho	faço	hei	dou
2 人称単数形	vais	tens	fazes	hás	dás
3 人称単数形	vai	tem	faz	há	dá
1 人称複数形	vamos	temos	fazemos	havemos	damos
2 人称複数形	ides	tendes	fazeis	haveis	dais
3 人称複数形	vão	têm	fazem	hão	dão

	DIZER	PODER	PÔR	QUERER	SABER
1 人称単数形	digo	posso	ponho	quero	sei
2 人称単数形	dizes	podes	pões	queres	sabes
3 人称単数形	diz	pode	põe	quer	sabe
1 人称複数形	dizemos	podemos	pomos	queremos	sabemos
2 人称複数形	dizeis	podeis	pondes	quereis	sabeis
3 人称複数形	dizem	podem	põem	querem	sabem

＊caber は，直説法現在 1 人称単数形は caibo となりますが，その他の法・時制・人称・数では saber と同じ変化です。

	TRAZER	VER	VIR
1人称単数形	trago	vejo	venho
2人称単数形	trazes	vês	vens
3人称単数形	traz	vê	vem
1人称複数形	trazemos	vemos	vimos
2人称複数形	trazeis	vedes	vindes
3人称複数形	trazem	veem	vêm

7.2　不規則動詞の用法

(1) 動詞 ir の主な用法

① ir + para/a ～：「～へ（に）行く」を意味します。

　　Vocês sempre vão para a escola a pé mas nós vamos de bicicleta.
　　A menina de dois anos já vai ao banheiro sozinha.
　　＊ ir + em ～は，chegar + em ～と同様に，ブラジルやポルトガルの規範文法書では誤用とされていますが，ブラジルではいずれも話し言葉で用いられます。
　　　Mãe, vou na casa da Mariana.

② ir + 不定詞（原形）： i) 近接未来を表します。
　　　　　　　　　　　 ii)「～しに行く」を意味します。

　i)　Os meus colegas vão mudar de emprego no mês que vem.
　ii)　Daqui a pouco vou buscar vocês no aeroporto.

③ vamos + 不定詞（原形）：勧誘表現として「～しましょう」を意味します。

　　Vamos combinar um almoço qualquer dia desses!

④ ir + bem/mal/mais ou menos, etc.：健康状態や事の成り行きを表します。

　　Como vai você? – Vou bem, obrigada. E o senhor?
　　Como vão as coisas? – Vão mais ou menos.

(2) 動詞 ter の主な用法

①主語＋ ter ＋目的語：所有表現で「～を持つ」を意味します。
A atriz tem 100 pares de sapatos.
Quantos irmãos você tem? – Tenho três irmãos.
Eles não têm dificuldade em fazer amigos.
Tenho dor nas costas sempre que tusso ou espirro.

② ter の3人称単数形：存在を表します。
　「～がいる（ある）」を意味する非人称構文で，動詞 ter は必ず3人称単数形になります。存在する人や物は目的語に相当し，通常，ter の後に置かれます。
Não tem nenhum problema.
Tem tantas pessoas na praia!
＊この用法は，ブラジルの話し言葉で用いられます。

③ ter ＋過去分詞：複合時制（完了時制）を表します。
Tenho comido pouco nestes últimos dias.
O trem já tinha partido quando cheguei à estação.

④ ter que/de ＋不定詞（原形）：「～しなければならない」を意味します。
Temos que/de enfrentar a realidade.

(3) 動詞 fazer の主な用法

①主語＋ fazer ＋目的語：「～をする」，「～を作る」を意味します。
Ela sempre faz as suas reservas pela internet.
Hoje à tarde faço um bolo de aniversário para o meu filho.

② fazer ＋目的語＋不定詞：使役を表します。
O nosso chefe sempre me faz trabalhar até tarde.
A leitura faz as pessoas amadurecerem.
＊人称不定詞が用いられることもあります。（→第25課：不定詞）

③ [〜 fazer の 3 人称単数形＋時間表現] または [fazer の 3 人称単数形＋時間表現〜]：時間の経過を表します。
　　非人称構文で，動詞 fazer は必ず 3 人称単数形になります。fazer が直説法現在形の場合には，「…の間〜している」，直説法完了過去形の場合には，「…前に〜した」を意味します。
　Estudamos português faz uma semana.
　O meu avô morreu faz três meses.
　Faz uma semana que estudamos português.
　Faz três meses que o meu avô morreu.
　＊主動詞が直説法の半過去または大過去の場合，過去のある時点までの時間の経過を表すため，fazer は半過去になります。
　　Fazia dez minutos que o funcionário tinha chegado.

④ fazer の 3 人称単数形：天候を表します。
　　主語を持たない非人称構文です。それゆえ，動詞 fazer は必ず 3 人称単数形になります。
　Faz sol, mas faz frio.
　Hoje está fazendo calor.

⑤ 様々な熟語
　Eu faço questão de pagar a conta.
　Amanhã o meu sobrinho faz 5 anos.
　＊fazer は様々な熟語を形成します。代表的なものに，fazer aniversário, fazer anos, fazer a barba, fazer a cama, fazer a mala, fazer compras, fazer horas, fazer ideia, fazer parte de, fazer questão de, fazer sentido があります。

(4) 動詞 haver の主な用法

① haver の 3 人称単数形：存在を表します。
　　「〜がいる（ある）」を意味する非人称構文で，動詞 haver は必ず 3 人称単数形になります。存在する人や物は目的語に相当し，通常，haver の後に置かれます。
　Não há nenhum problema.
　Há tantas pessoas na praia!
　＊同じように存在を表す ter と比較すると，haver はより改まった場面で用いられます。

57

②［〜 haver の 3 人称単数形＋時間表現］または［haver の 3 人称単数形＋時間表現〜］：時間の経過を表します。

　　非人称構文で，動詞 haver は必ず 3 人称単数形になります。haver が直説法現在形の場合には，「... の間〜している」，直説法完了過去形の場合には，「... 前に〜した」を意味します。

Estou no Brasil há um mês.

O cantor faleceu há cinco anos.

Há um mês que estou no Brasil.

Há cinco anos que o cantor faleceu.

＊主動詞が直説法の半過去または大過去の場合，過去のある時点までの時間の経過を表すため，haver は半過去になります。

O congresso não se realizava havia cinco anos.

③ haver ＋過去分詞：複合時制（完了時制）を表します。

Eles haviam partido quando cheguei.

＊ter ＋過去分詞と比較すると，使用頻度は低くなります。

④ haver ＋ de ＋不定詞（原形）：強い意思，未来，必要，必然を表します。

Todos hão de concordar comigo.

Mais cedo ou mais tarde há de acontecer algo.

(5) 動詞 poder の主な用法

① poder ＋不定詞（原形）：可能性を表します。

　　文脈によって「〜できる」，「〜かもしれない」を意味します。

Infelizmente não posso sair. Amanhã tenho uma prova importante.

A obesidade pode causar problemas graves de saúde.

② poder ＋不定詞（原形）：依頼・許可を表します。

Pode falar mais alto, por favor?

Professor, posso ir ao banheiro? – Agora não pode.

(6) 動詞 querer の主な用法

① querer ＋名詞：「〜を欲する」，「〜を望む」を意味します。
Quero uma televisão de 60 polegadas.

② querer ＋不定詞（原形）：「〜したい」を意味します。
Queremos comprar uma passagem de ida e volta.

(7) 動詞 saber の主な用法

① saber ＋名詞（または句，節）：「〜を知る」，「〜を知っている」を意味します。
Não sei o seu endereço. Só sei que você mora perto da minha casa.
Não sei nada dessa história.
＊saber ＋ de/sobre で「〜について知る（知っている）」を意味します。

Conheço o nosso vizinho. Mas não sei de onde ele é nem sei se é casado.
＊saber が知識として「知っている」のに対して，conhecer は実際に経験・体験した上で「知っている」を意味します。conhecer は，目的語に人をとる場合は「面識がある」を意味し，目的語に場所をとる場合は「行ったことがある」を意味します。

② saber ＋不定詞（原形）：「〜できる」を意味します。
Você sabe falar japonês? – Só sei dizer algumas palavras como "bom dia", "obrigado", "até logo", etc.
Vocês sabem contar até 100 em português? – Claro que sabemos.
＊日本語の「〜できる」には，saber, poder, conseguir などの動詞が用いられます。saber は「（能力・技術的に）できる」，poder は「（状況的に）できる」，conseguir は「（努力した結果）できる」のように使い分けます。

文 法 練 習 問 題

1. 括弧内の動詞を直説法現在形に活用させましょう。

    (1) – Você sabe quanto dinheiro a mãe (ter) no banco?
       – (saber) lá. Mas por que você (querer) saber disso?
       – Porque eu (querer) comprar a moto do último modelo!
    (2) – Como você (ir) à festa hoje à noite?
       – Acho que (ir) de carona com o meu namorado.
    (3) – (haver) quanto tempo os senhores (estar) em Osaka?
       – (estar) (haver) uma semana. Daqui a três dias (ir) viajar para Hokkaido.
    (4) – Quem (vir) com você à minha casa?
       – (poder) levar a Juliana que você (conhecer)?
       – Claro que (poder).
    (5) (fazer) duas semanas que eu não (ver) a Ana na escola. Depois das aulas, (ir) à casa dela para saber como ela (estar).
    (6) Sempre que eu (vir) a esta loja, a moça me (trazer) peças novas e eu (dar) uma olhada nelas.
    (7) – Você (poder) me dizer onde (ficar) a rodoviária mais próxima? Eu não (conhecer) a região.
       – É bem longe daqui. Eu acho que você não (conseguir) chegar sozinho. Nem eu (saber) chegar lá sem mapa.
    (8) Quando eu (fazer) refeições em casa, (pôr) a mesa e como com as minhas filhas.
    (9) Eu sempre (dizer) "bom dia" para a Dona Alice mas ela não me (dizer) nada. Acho que ela (estar) ficando surda.

7

ゴム景気の栄華をしのばせるマナウスのアマゾナス劇場

Lição 8

北東部 1：地理的特徴
Nordeste I: Seus aspectos físicos

I-22

O Nordeste ocupa uma área de 1.554.291km², correspondendo a 18,2% do território brasileiro. Sua população é de pouco mais de 49 milhões de habitantes, sendo a segunda mais populosa dentre as cinco regiões. É a região que abrange mais estados, nove no total: Alagoas, Bahia, Ceará, Maranhão, Paraíba, Pernambuco, Piauí, Rio Grande do Norte e Sergipe.

Com distintas características físicas, a região Nordeste é dividida em quatro sub-regiões: Zona da Mata, Agreste, Sertão e Meio-Norte. Entre essas sub-regiões, há grandes diferenças a nível econômico, social e cultural. A Zona da Mata, localizada na faixa litorânea, por exemplo, é a mais populosa e urbanizada, enquanto o Sertão, cujo clima é semiárido, é pouco povoado e sofre com a seca que provoca sérios prejuízos econômicos. Apesar das dificuldades vividas sazonalmente pelos habitantes do sertão, como descreveu o escritor Euclides da Cunha na magnífica obra *Os Sertões*: "O sertanejo é, antes de tudo, um forte".*

*Euclides da Cunha, *Os Sertões*, São Paulo: Ateliê Editorial, Imprensa Oficial do Estado, Arquivo do Estado, 2001, p.207.

語句

segunda	segundo 第2（番目）の
populosa	populoso 人口の多い
distintas	distinto 異なる
características	［女］característica 特徴，特色
físicas	físico 物理的な，自然に関する
sub-regiões	［女］sub-região サブリージョン，地域をさらに小分けした区域
nível	［男］水準，レベル
localizada	localizar 配置する
faixa	［女］帯，帯状の領域，部分
litorânea	litorâneo 沿岸の
urbanizada	urbanizar 都市化する
semiárido	半乾燥の，降雨量の少ない
seca	［女］干ばつ，乾期
sérios	sério 深刻な
prejuízos	［男］prejuízo 損害
apesar de	…にもかかわらず
vividas	viver 生きる，経験する
sazonalmente	季節的に，季節ごとに
magnífica	magnífico すばらしい，壮大な
sertanejo	［男］セルタンの住民，奥地に住む人

Exercícios sobre o texto

1. Quais são as diferenças entre a Zona da Mata e o Sertão nordestino?

2. Qual é o significado da palavra "sertanejo"? No Japão há "sertanejos"?

3. As praias da região Nordeste são muito bonitas. Pesquise na internet sobre 2 praias da região e compare-as (por exemplo: localização, qual é a maior, a mais bonita, a mais famosa etc.)

比較級

8.1 3つの比較形式

　比較級とは，2つのものを比較してその程度を表す形で，次の3つの比較形式があります。

(1) 優等比較級

mais ＋形容詞・副詞・名詞＋ (do) que 〜：「〜より ...」

　　Este filme é mais interessante (do) que aquele (filme).
　　Ela fala mais alto (do) que eu.
　　O Cláudio estuda mais (do) que você.
　　O meu professor faz mais perguntas (do) que o seu.

(2) 劣等比較級

menos ＋形容詞・副詞・名詞＋ (do) que 〜：「〜ほど ... でない」

　　Este filme é menos interessante (do) que aquele (filme).
　　Ela fala menos alto (do) que eu.
　　O Cláudio estuda menos (do) que você.
　　O meu professor faz menos perguntas (do) que o seu.
　＊劣等比較級の使用頻度は低く，代わりに同等比較の否定がよく用いられます。
　　　Ele é menos alto (do) que eu. → Ele não é tão alto quanto/como eu.

(3) 同等比較級

tão ＋形容詞・副詞＋ quanto/como 〜：「〜と同じくらい ...」
tanto(s)/tanta(s) ＋名詞＋ quanto/como：「〜と同じくらい多く ...」

　　Este filme é tão interessante quanto/como aquele (filme).

Ela fala tão alto quanto/como eu.
O Cláudio estuda tanto quanto/como você.
* 動詞を修飾する場合は tanto を用います。

O meu professor faz tantas perguntas quanto/como o seu.
* tanto(s)/tanta(s) は，後に続く名詞の性数によって変化します。
　Ele ganha tanto dinheiro quanto/como você.
　Ainda não tenho tantos cabelos brancos quanto/como a minha avó.

8.2　不規則な形容詞・副詞

次の形容詞と副詞は優等比較の際に不規則に変化するため注意が必要です。

		原　　級	優等比較級
形容詞		bom	melhor
		mau, ruim	pior
		muito	mais
		pouco	menos
		grande	maior
		pequeno	menor
副詞		bem	melhor
		mal	pior
		muito	mais
		pouco	menos

O Brasil é maior (do) que a Índia, mas menor (do) que a Rússia.
Os seus filhos se comportam melhor (do) que os meus.
Os programas de hoje são piores (do) que os de ontem.
* 劣等比較では原級が用いられます。
　O programa de hoje foi menos mau do que o de ontem.
* 同一の人・ものの性質を比較する場合には原級が用いられます。
　Este bicho é mais grande do que perigoso.
　（この動物は危険であるというよりも大きさが際立っています）

8.3　その他の比較表現

(1) ［tão ＋形容詞・副詞＋ que ～］または［tanto（＋名詞＋）que ～］

「とても...なので～」または「とてもたくさん...なので～」を意味します。（→第20課：接続詞）

O imposto é tão alto que não vale a pena comprar aqui.
O professor explicou tão rápido que não consegui entender nada.
Trabalho tantas horas que chego em casa morta de cansaço.
As crianças brincam tanto que até se esquecem de comer.

(2) quanto ＋比較級,（tanto＋）比較級

「...すればするほどますます～」を意味します。

Quanto mais estudo, mais aprendo.
Quanto mais cedo, melhor.

(3) mais/menos de ＋数詞

「～以上／以下」を意味します。

Tenho mais de 10 anos de experiência na área de recursos humanos.

文法練習問題

1. 優劣比較の場合は括弧内の形容詞・副詞を用いて適切な比較級の文にしましょう。

   (1) Eu tenho 19 anos e você tem 20 anos.（velho/novo）
       Você é _____
       Eu sou _____
   (2) Os meus óculos custaram 200 reais e os seus 500 reais.（barato/caro）
       Os meus óculos foram _____
       Os seus óculos foram _____
   (3) No seu carro cabem 5 pessoas e no meu 8 pessoas.（grande/pequeno）
       O meu carro é _____
       O seu carro é _____
   (4) Estas fotos são de alta qualidade mas aquelas não.（bom/mau）
       Estas fotos são _____
       Aquelas fotos são _____
   (5) Aquela moça canta bem mas essa não muito.（bem/mal）
       Aquela moça canta _____
       Essa moça canta _____
   (6) A Sofia tem 1,70 m e a Joana também. Mas a Mariana tem 1,60 m.（alto/baixo）
       A Joana é _____
       A Mariana é _____
   (7) No Brasil faz calor e no Japão também.
       No Brasil faz _____
   (8) Hoje está frio e ontem também.
       Hoje está _____
   (9) O meu amigo sabe falar muitas línguas e você também.
       O meu amigo sabe falar _____

コラム 7

世界遺産・北東部

北東部には5件の文化遺産と2件の自然遺産があります。

Patrimônio Cultural（文化遺産）

1982 – O Centro Histórico de Olinda, Pernambuco
　　　　オリンダ歴史地区（ペルナンブコ州）
1985 – O Centro Histórico de Salvador, Bahia
　　　　サルヴァドル歴史地区（バイア州）
1991 – O Parque Nacional Serra da Capivara, Piauí
　　　　カピバラ山地国立公園（ピアウイ州）
1997 – O Centro Histórico de São Luiz, Maranhão
　　　　サン・ルイス歴史地区（マラニャン州）
2010 – Praça de São Francisco, na cidade de São Cristóvão, Sergipe
　　　　サン・フランシスコ広場（セルジッペ州サン・クリストヴァン市）

Patrimônio Natural（自然遺産）

1999 – Costa do Descobrimento: Reservas de Mata Atlântica, Bahia e Espírito Santo
　　　　コスタ・ド・デスコブリメント：大西洋岸森林保護区群（バイア州とエスピリト・サント州）
　　　　＊北東部のバイア州と南東部のエスピリト・サント州にまたがって広がっています。
2001 – Ilhas Atlânticas Brasileiras: Reservas de Fernando de Noronha e Atol das Rocas
　　　　ブラジルの大西洋諸島：フェルナンド・デ・ノロニャ諸島とロカス環礁保護区群

サルヴァドル市のラセルダ・エレベーターと港

色鮮やかな建物が並ぶサルヴァドル歴史地区

Lição 9

北東部２：ブラジルの始まり
Nordeste II: A origem do Brasil

"O Brasil nasceu no Nordeste". Esta afirmação é comumente citada em livros de história e pelos próprios nordestinos. Isso se deve ao fato de o processo da colonização portuguesa do Brasil ter se iniciado nessa região ainda em meados do século XVI.

Foi no litoral sul do atual estado da Bahia que os primeiros portugueses chegaram no ano de 1500. Aportaram ali e fizeram contato com os nativos que estavam nus e se mostraram amistosos e curiosos, de acordo com o relato de Pero Vaz de Caminha. A partir desse encontro da Europa com a América começou a história da formação territorial e étnica do Brasil, na qual a região Nordeste teve um papel importante, principalmente nos dois primeiros séculos após a chegada lusitana. A produção nordestina de açúcar, que dependia do trabalho dos escravos negros africanos, foi o principal eixo da sociedade e da economia da colônia na época.

語句

afirmação	［女］断言，主張
comumente	通常，一般に
citada	citar 言及する，引用する
próprios	próprio 自身の
nordestinos	［男］［形］nordestino 北東部の（人）
iniciado	iniciar 始める
litoral	［男］沿岸部，海辺
atual	現在の，最新の
primeiros	primeiro はじめての，最初の
nativos	［男］nativo 先住民
nus	nu 裸の
se mostraram	mostrar-se ふるまう
amistosos	amistoso 親しげな，友好的な
curiosos	curioso 好奇心が強い
étnica	étnico 民族の
lusitana	lusitano ポルトガル（人）の
eixo	［男］軸，支柱

Exercícios sobre o texto

1. Explique a afirmação: "O Brasil nasceu no Nordeste".

2. Pesquise na internet sobre o português Pero Vaz de Caminha e a famosa carta escrita por ele sobre suas primeiras impressões ao chegar em terras brasileiras. As impressões do escritor português foram boas ou ruins?

3. O que significa o substantivo "colônia" e o verbo "colonizar"?

直説法完了過去形・前置詞

9.1 直説法完了過去形

　直説法現在形と同様，直説法完了過去形の活用は，その他の活用の基本形ともなるので，不規則動詞の活用も含めてしっかり覚えましょう。

(1) 規則動詞の活用

　規則動詞の直説法完了過去形の語尾変化は次の通りです。

第1活用動詞（-ar）	-ei	-aste	-ou	-amos	-astes	-aram
第2活用動詞（-er）	-i	-este	-eu	-emos	-estes	-eram
第3活用動詞（-ir）	-i	-iste	-iu	-imos	-istes	-iram

　実際に活用させてみましょう。

	第1活用動詞 FALAR	第2活用動詞 ENTENDER	第3活用動詞 PARTIR
1人称単数形	falei	entendi	parti
2人称単数形	falaste	entendeste	partiste
3人称単数形	falou	entendeu	partiu
1人称複数形	falamos	entendemos	partimos
2人称複数形	falastes	entendestes	partistes
3人称複数形	falaram	entenderam	partiram

＊colocar, almoçar, chegar の1人称単数形は，それぞれ coloquei, almocei, cheguei となるので注意が必要です。

(2) 不規則動詞の活用

すでに見たように，本書では次の15の動詞（およびこれらの動詞から派生した動詞）を不規則動詞として扱います。いずれも使用頻度が高いことに加えて，直説法完了過去形でも直説法現在形でも不規則に変化します。

	SER	IR	ESTAR	TER	FAZER
1人称単数形	fui		estive	tive	fiz
2人称単数形	foste		estiveste	tiveste	fizeste
3人称単数形	foi		esteve	teve	fez
1人称複数形	fomos		estivemos	tivemos	fizemos
2人称複数形	fostes		estivestes	tivestes	fizestes
3人称複数形	foram		estiveram	tiveram	fizeram

	HAVER	DAR	DIZER	PODER	PÔR
1人称単数形	houve	dei	disse	pude	pus
2人称単数形	houveste	deste	disseste	pudeste	puseste
3人称単数形	houve	deu	disse	pôde	pôs
1人称複数形	houvemos	demos	dissemos	pudemos	pusemos
2人称複数形	houvestes	destes	dissestes	pudestes	pusestes
3人称複数形	houveram	deram	disseram	puderam	puseram

	QUERER	SABER	TRAZER	VER	VIR
1人称単数形	quis	soube	trouxe	vi	vim
2人称単数形	quiseste	soubeste	trouxeste	viste	vieste
3人称単数形	quis	soube	trouxe	viu	veio
1人称複数形	quisemos	soubemos	trouxemos	vimos	viemos
2人称複数形	quisestes	soubestes	trouxestes	vistes	viestes
3人称複数形	quiseram	souberam	trouxeram	viram	vieram

＊caber は，直説法現在1人称単数形では caibo となりますが，その他の法・時制・人称・数では saber と同じ変化をします。

＊cair や sair は不規則動詞に含まれていませんが，アクセント記号の有無に注意が必要です。例えば，cair の直説法完了過去形は，caí, caíste, caiu, caímos, caístes, caíram となります。

(3) 直説法完了過去形の用法

①過去に完了した出来事を表します。

Choveu muito ontem à noite.

Nesta terça-feira, houve um acidente de carro na avenida principal.

Você já pagou o aluguel deste mês? – Ainda não paguei. / Já paguei.

②経験を表します。

Você já esteve no Brasil? – Nunca estive lá. / Já estive lá uma vez.

9.2　前置詞

　この課ではポルトガル語の基本的な前置詞であり，本文でも頻出する a, de, em, por, com, para の主な用法について見ていきます。

　なかでも，a, de, em por は，次のように冠詞，指示詞，3人称の主語人称代名詞，場所を表す副詞と縮合するため注意が必要です。

	o(s)	a(s)	um	uma	este(s)	esse(s)	aquele(s)
a	ao(s)	à(s)					àquele(s)
de	do(s)	da(s)	dum	duma	deste(s)	desse(s)	daquele(s)
em	no(s)	na(s)	num	numa	neste(s)	nesse(s)	naquele(s)
por	pelo(s)	pela(s)					

	isto	isso	aquilo	ele(s)	ela(s)	aqui	aí	ali
a			àquilo					
de	disto	disso	daquilo	dele(s)	dela(s)	daqui	daí	dali
em	nisto	nisso	naquilo	nele(s)	nela(s)			
por								

＊指示詞の este(s), esse(s), aquele(s) は，女性形の esta(s), essa(s), aquela(s) も同様に de, em, a と縮合し，desta(s), nesta(s), dessa(s), nessa(s), daquela(s), naquela(s), àquela(s) のようになります。

＊dum や duma の代わりに de um や de uma が頻繁に用いられます。

＊com の縮合形には comigo (com + mim), contigo (com + ti), conosco (com + nós), convosco (com + vós) があります。conosco は，ポルトガルでは connosco と綴られます。

(1) a

①方向・到着点：Fui ao correio.
　　　　　　　　Chegamos a esta conclusão.
　＊ブラジルの話し言葉では Vou na casa da minha tia. のように，往来発着動詞に em が使用されることがあります。とりわけ動詞 chegar は，Cheguei em casa. のように em と頻繁に用いられる傾向があります。
②時点：A aula acaba às quatro horas.
　　　　Trabalho aos sábados.
　＊曜日には Trabalho na segunda-feira. のように em も用いられます。
③地点・位置：Estou à mesa.
　　　　　　　Estamos à frente da escola.
　＊ブラジルの話し言葉では na mesa や na frente のように em が好まれます。
④間接目的語：O jogador ofereceu um presente ao seu filho.
　＊ブラジルの話し言葉では a の代わりに para がよく用いられます。
⑤交通手段：O gaúcho anda a cavalo.
　　　　　　Eu sempre vou a pé.

(2) de

①所有：Este é o relato de Pero Vaz de Caminha.
②出身・出所：Eles são de pequenas cidades do interior de SP.
③材料：A massa é de farinha de milho e de mandioca.
④起点：As pessoas migram de outras áreas do país para o Sudeste. (L.14)
　　　　O restaurante está aberto de segunda a sexta.
⑤交通手段：Ontem os alunos foram de metrô, mas hoje vão de ônibus.
⑥理由：O sogro dela morreu de pneumonia.
⑦話題：Você ficou sabendo dessa notícia? O que você acha disso?
⑧時間：Ela sempre sai de casa de madrugada.

(3) em

①場所：O Brasil nasceu no Nordeste. (L.9)
②時点：Pelé nasceu em 23 de outubro de 1940. (L.26)
③時間の経過：Ela perdeu cinco quilos em duas semanas.

④状態：O paciente está em coma já há dois meses.
⑤交通手段：Vamos no carro da Teresa.
⑥手段・方法：Os estudantes fizeram a apresentação em português.

(4) por

①受動態の動作主：O povo brasileiro é formado por brancos de origem europeia, negros de origem africana, povos indígenas e asiáticos. (L.3)
②価格：Eles alugaram uma quitinete por 250 reais.
③理由：Peço desculpa por não responder ao seu e-mail.
④通過：Nenhum ladrão entra pela porta da frente.
⑤空間：Acho que deixei cair a minha carteira por aqui.
⑥時間：O acidente aconteceu pela meia-noite.
⑦代理：O seu colega explicou tudo por você.
⑧期間：Os passaportes brasileiros passam a valer por 10 anos.
⑨単位：Os meus pais depositam na minha conta 500 reais por mês.

(5) com

①同伴：Filha, você pode ir ao médico comigo? – Não posso. Já tenho um compromisso.
②所有：Todos os atestados originais estão com o advogado.
③様態：Estes dias ando com insônia.
④対象：Os funcionários são atenciosos e simpáticos com os clientes.
⑤道具・手段：Deu para remover os parafusos com a chave de fenda? – Não deu. Preciso de uma chave Philips.
　＊darの3人称単数形＋para＋（人称）不定詞で「～できる」を意味します。
⑥指導・保護：Faz um mês que aprendemos português com um professor brasileiro.
⑦理由：Ficamos muito contentes com a sua visita.

(6) para

①方向：Todos os meses o meu chefe viaja para a Europa.

②関与・利害：Este curso é bom para quem quer aprender a cozinhar.
　　　　　　　O nosso vizinho trouxe uma lembrancinha para nós.
③目的：Os primeiros imigrantes vieram para trabalhar nas fazendas de café.
　　　　（L.28）
④比較・対比：O rapaz fez o trabalho muito bem para um estagiário.
⑤未来の期間・期限：Só temos comida para três dias.
　　　　　　　　　Agora são quinze para o meio-dia.

文法練習問題

1. 次の動詞を直説法完了過去形に活用させましょう。

	começar	ficar	ligar	conseguir	sair
1人称単数形					
2人称単数形					
3人称単数形					
1人称複数形					
2人称複数形					
3人称複数形					

2. 次の選択肢から適切な前置詞を選びましょう。必要な場合は縮合形を用いましょう。

   > a, de, em, por, com, para

   (1) São dez (　　　) o meio-dia. Preciso chegar aí (　　　) uma hora em ponto.
   (2) Eles sempre agem (　　　) calma.
   (3) Estive (　　　) Itália (　　　) ano retrasado.
   (4) Ontem comprei esta revista (　　　) 50 reais.
   (5) Costumo ir (　　　) pé mas ontem fui (　　　) ônibus. E hoje vou (　　　) carro da Marina.
   (6) Aqui na nossa firma trabalhamos (　　　) segunda (　　　) sexta. Folgamos oito dias (　　　) mês.

3. 直説法完了過去形を用いて文を完成させましょう。

   (1) eu / já / ser / estudante / como / vocês.
   (2) como / ser / as férias? – ser / muito / divertido!
   (3) você / nunca / estar / em / Portugal? – já / estar.

(4) ontem / vocês / ter / aulas? – não / ter.
(5) alguém / dizer / isso / para / você? – ninguém / me / dizer / nada.
(6) o que / os senhores / fazer / em / o fim de semana? – nós / ir / para / a praia.
(7) vocês / trazer / tudo? – trazer / tudo / menos / bebidas.
(8) nós / ver / o filme / mas / ela / não / querer / ver / com / nós.
(9) eu / vir / a / pé / mas / os rapazes / vir / de / moto.
(10) eu / dar / uma bronca / em / o aluno.
(11) vocês / saber / de / alguma coisa? – não / saber / de / nada.
(12) eu / pôr / o celular / em / o bolso / mas / ele / cair / em / a água.
(13) haver / muito / dúvidas / mas / ele / só / poder / esclarecer / uma.
(14) de / manhã / eu / fazer / limpeza / de / o quarto / a / a tarde / ler / os jornais / e / a / a noite / sair / com / os amigos.

4. 次の動詞を用いて昨日の出来事をポルトガル語で表現してみましょう。

> acordar, tomar café da manhã, almoçar, sair, passear, ler, ouvir música, chegar em casa, estudar, trabalhar, assistir a, jantar, tomar banho, deitar-se, dormir

Lição 10

北東部３：豊かな文化

Nordeste III: Uma cultura rica

Em termos culturais a região Nordeste é riquíssima graças à sua diversidade étnica. O estado de Pernambuco é considerado o mais musical do Brasil com os tradicionais frevo e maracatu e também o contemporâneo manguebeat. O carnaval de rua da cidade de Olinda, conhecido como um dos mais agitados do país, é famoso pelos desfiles de bonecos gigantes.

O estado da Bahia tem na sua essência raízes africanas personificadas nos ritmos como o axé, na culinária como o apimentado e delicioso acarajé. No entanto, é a capoeira o verdadeiro "cartão de visita" baiano aos turistas. Dança ou luta? Sua origem, que remonta aos tempos da escravatura, ainda gera controvérsias. Porém, a musicalidade da capoeira é o seu elemento único. O som do berimbau e os cantos em dialetos africanos foram um importante "antídoto" à vida dura nas senzalas e nas lavouras de cana-de-açúcar nordestinas.

語句

em termos	（＋形容詞，＋de＋名詞）〜に関して，〜の観点から
graças a	…のおかげで
tradicionais	tradicional 伝統的な
agitados	agitado エネルギッシュな，活発な
desfiles	［男］desfile 行列，パレード
personificadas	personificar 象徴する，表現・体現する
ritmos	［男］ritmo リズム
no entanto	しかしながら，とはいえ
cartão de visita	名刺
baiano	バイア州の
escravatura	［女］奴隷貿易，奴隷制
controvérsias	［女］controvérsia 論争
berimbau	［男］ベリンバウ〈カポエイラで使用される楽器〉
dialetos	［男］dialeto 地方語，方言
antídoto	［男］解毒剤，解決方法，対応策
dura	duro 厳しい，過酷な
senzalas	［女］senzala 奴隷小屋
cana-de-açúcar	［女］サトウキビ
lavouras	［女］lavoura 栽培，農地

Exercícios sobre o texto

1. Explique a expressão: "No entanto, é a capoeira o verdadeiro cartão de visita baiano aos turistas."

2. O que significa para você a expressão "diversidade étnica"?

3. Escreva um texto curto (10 linhas) com o tema "Um dia no Nordeste".

▍相対最上級・絶対最上級

10.1 相対最上級

3つ以上のものの中で程度が最も高いことを示し,「～の中で最も ...」を意味します。次の2つの形式に分類されます。

＊すでに触れた優等比較級の不規則形は,相対最上級でも同じ形を用います。(→第8課:比較級)

(1) 優等最上級

定冠詞(＋名詞)＋ mais ＋形容詞(＋ de, dentre, em, que ～):「(～のなかで)もっとも ...」

 Esse jogador é o mais novo do time.
 A região Sudeste é a mais populosa do Brasil.
 Este é o romance mais interessante que eu já li.

 ＊定冠詞＋名詞＋ mais ＋形容詞で不規則形の melhor, pior, maior, menor が用いられる場合,それらは名詞の前に置かれます。
  O Brasil é o maior país dentre as nações da América Latina. (L.3)

 ＊副詞の最上級は Ele estuda mais/menos (no grupo) のように mais/menos ＋副詞(＋ de, dentre, em, que ～)で表すこともできますが,次のような表現方法がしばしば用いられます。
  ①関係詞を使用。
   Ela é a que acorda mais cedo na família.
   Ele é o aluno que lê mais na turma.
  ②「できるだけ～」を意味する o mais ＋副詞＋ possível などの表現を使用。
   Eles tentam resolver o problema o mais depressa possível.

(2) 劣等最上級

定冠詞(＋名詞)＋ menos ＋形容詞(＋ de, dentre, em, que ～):「(～の中で)もっとも ... でない」

 Aquele aluno é o menos participativo de todos.
 A região Norte é a menos povoada do Brasil.
 Esta é a novela menos interessante que eu já vi.

＊劣等最上級は，優等最上級ほど頻繁に用いられません。

10.2 絶対最上級

(1) 絶対最上級の用法

　絶対最上級は，比較する対象がなく，漠然と程度が高いことを表す形です。絶対最上級には，形容詞や副詞の語末に-íssimo を付加する形式と，muito（または類似表現）＋形容詞を用いる形式がありますが，いずれも「非常に～である」という意味になります。

　　　Havia pouquíssimas pessoas na praia.
　＝Havia muito poucas pessoas na praia.
　　　A flora e a fauna brasileiras são riquíssimas.（L.4）
　＝A flora e a fauna brasileiras são muito ricas.
　　＊形容詞の場合は，名詞の性数に一致させることを忘れないでください。

(2) 絶対最上級 -íssimo の作り方

　次の tradicional や vulgar のように，基本的には語末にそのまま-íssimo を付加しますが，語尾によって多少変化します。

　　　tradicional → tradicionalíssimo
　　　vulgar → vulgaríssimo

語尾	原級	絶対最上級
母音	novo	novíssimo
	rico	riquíssimo
-vel	agradável	agradabilíssimo
-z	feliz	felicíssimo
-m	comum	comuníssimo
-ão	vão	vaníssimo

不規則な形を持つ形容詞もあります。使用頻度の高い ótimo, péssimo, máximo, mínimo およびその他の不規則形の一部を次に挙げます。

原　　級	絶対最上級
bom	ótimo
mau	péssimo
grande	máximo
pequeno	mínimo
difícil	dificílimo
fácil	facílimo
antigo	antiquíssimo
livre	libérrimo
pobre	paupérrimo, pobríssimo
magro	macérrimo, magríssimo

文法練習問題

1. 例にならって，優等最上級の文を作りましょう。

    ele / baixo / a turma
    → Ele é o mais baixo da turma.

    (1) este prédio / antigo / o bairro
    (2) A Carolina / magro / as irmãs
    (3) esse filme americano / mau / o ano
    (4) estas jogadoras / bom / o time
    (5) o rio Amazonas / grande / o continente americano
    (6) esta caixa / pequeno / já vi

2. 下線部を一語で言い換えましょう。

    (1) Esta máquina é muito barata.
        Esta máquina é _____.
    (2) O primo dela é muito alto.
        O primo dela é _____.
    (3) O time era muito forte.
        O time era _____.
    (4) Adoraria ter dentes muito brancos.
        Adoraria ter dentes _____.
    (5) Saí do Brasil muito poucas vezes.
        Saí do Brasil _____ vezes.
    (6) O escritório dela fica muito perto do centro da cidade.
        O escritório dela fica _____ do centro da cidade.
    (7) Esses hotéis são muito bons.
        Esses hotéis são _____.
    (8) Ele está muito mau.
        Ele está _____.
    (9) É muito difícil aprender uma língua estrangeira.
        É _____ aprender uma língua estrangeira.
    (10) A nossa avó é muito amável.
        A nossa avó é _____.

Lição 11 — 中西部1：ブラジルの「穀倉」
Centro-Oeste I: O "celeiro" do Brasil

Composto pelos estados de Goiás, Mato Grosso e Mato Grosso do Sul, e mais o Distrito Federal, o Centro-Oeste é a única região a ter fronteiras com as outras quatro regiões. Apesar de ser a segunda maior região brasileira com uma área de 1.606.403 km², ocupando 18,8% do território brasileiro, é a menos populosa dentre as cinco regiões. Sua população é de pouco mais de 14 milhões de habitantes. Há predominância do clima tropical com verões chuvosos e invernos secos. Um dos responsáveis pelo complexo ecossistema regional é o relevo formado por planaltos e pela planície do Pantanal.

A base da economia da região é o setor primário, principalmente a agricultura. A produção de soja, algodão, café e milho junto à pecuária bovina ditam o ritmo da economia dessa região, conhecida como "o celeiro do Brasil".

語句

fronteiras	［女］fronteira（国・州・地方などの）境界（線）
predominância	［女］優勢，優位
verões	［男］verão 夏
chuvosos	chuvoso 雨の，雨の多い
invernos	［男］inverno 冬
secos	seco 乾燥した，乾いた
responsáveis	responsável 責任がある
relevo	［男］（土地の）高低，起伏
planaltos	［男］planalto 高原
planície	［女］平野，平原
base	［女］ベース，基盤
setor primário	一次産業
junto	（+a）…と並んで
pecuária	［女］畜産（業），牧畜（業）
bovina	bovino 牛の
ditar	指示する，規定する

Exercícios sobre o texto

1. Apresente as principais características da região Centro-Oeste.

2. Explique com suas palavras o significado da palavra "celeiro" no texto.

3. O que significa a expressão "setor primário"?

4. Qual é a área considerada o "celeiro" do Japão? Por quê?

数詞・不定代名詞・不定形容詞・疑問詞

11.1 数詞

(1) 基数

　0から9000までの基数は次の通りです。女性形のあるものは1と2の他に，200，300，400，500，600，700，800，900です。そのため，「1台の車」はum carroですが，「1軒の家」であればuma casaとなり，同様に「202名の人々」であれば，duzentas e duas pessoasとなります。

0 zero	10 dez	20 vinte	100 cem	1000 mil
1 um/uma	11 onze	21 vinte e um	101 cento e um	1001 mil e um
2 dois/duas	12 doze	22 vinte e dois	200 duzentos/as	2000 dois mil
3 três	13 treze	30 trinta	300 trezentos/as	3000 três mil
4 quatro	14 quatorze	40 quarenta	400 quatrocentos/as	4000 quatro mil
5 cinco	15 quinze	50 cinquenta	500 quinhentos/as	5000 cinco mil
6 seis	16 dezesseis	60 sessenta	600 seiscentos/as	6000 seis mil
7 sete	17 dezessete	70 setenta	700 setecentos/as	7000 sete mil
8 oito	18 dezoito	80 oitenta	800 oitocentos/as	8000 oito mil
9 nove	19 dezenove	90 noventa	900 novecentos/as	9000 nove mil

＊ブラジルでは電話番号などを表す際に6にはmeia（dúzia）が用いられます。
＊ポルトガルでは14，16，17，19にそれぞれcatorze, dezasseis, dezassete, dezanoveが用いられます。

西暦などは頻繁に用いられるので，少なくとも4桁までの数字は確実に覚えましょう。4桁の数字を表す際に気を付けなければならないのが，接続詞のeを挿入する場合としない場合を区別することです。例えば，35（trinta e cinco）や462（quatrocentos e sessenta e dois）のように3桁までの数字では桁ごとにeを挿入しますが，4桁になると，1985（mil, novecentos e oitenta e cinco）のように，原則として，千の位と百の位の間にはeは入れません。しかしながら，次の場合にはeが挿入されます。

①千の位と百の位しかない場合：2.100（dois mil e cem）
②百の位がない場合：5.030（cinco mil e trinta），1.001（mil e um）

　本文中ではブラジルの人口や面積を表す5桁以上の数字も見られます。基本的に，ポルトガル語の数字は3桁ごとに終止符で区切って表現します。例えば，8,5 milhões km²（8.500.000 km²）であれば，oito milhões e quinhentos mil と読み，面積の単位 km²（quilômetro quadrado）を加えると，oito milhões e quinhentos mil quilômetros quadrados となります。
　また，ブラジルとポルトガルでは次のような表現の違いがあるので注意が必要です。

数　字	ブラジル	ポルトガル
1.000		mil
10.000		dez mil
100.000		cem mil
1.000.000		um milhão
10.000.000		dez milhões
100.000.000		cem milhões
1.000.000.000	um bilhão	mil milhões
10.000.000.000	dez bilhões	dez mil milhões
100.000.000.000	cem bilhões	cem mil milhões
1.000.000.000.000	um trilhão	um bilião

(2) 序数

　序数には男性形と女性形があり，o primeiro lugar（第1位）や a segunda vez（2度目）のように，修飾する名詞の性によっていずれを用いるかが決まります。2桁の序数は，通常，décimo primeiro や décimo segundo のように，10の位と1の位の序数を合わせて表現します。

1 primeiro/a	6 sexto/a	11 décimo/a primeiro/a	20 vigésimo/a	70 se(p)tuagésimo/a
2 segundo/a	7 sétimo/a	12 décimo/a segundo/a	30 trigésimo/a	80 octogésimo/a
3 terceiro/a	8 oitavo/a	13 décimo/a terceiro/a	40 quadragésimo/a	90 nonagésimo/a
4 quarto/a	9 nono/a	14 décimo/a quarto/a	50 quinquagésimo/a	100 centésimo/a
5 quinto/a	10 décimo/a	15 décimo/a quinto/a	60 sexagésimo/a	1000 milésimo/a

＊11と12はそれぞれ undécimo/a と duodécimo/a と表すこともあります。
＊序数は 1º, 1ª のように表すことがあります。

(3) 曜日・月・季節の名称

曜日

日曜日 domingo	月曜日 segunda-feira	火曜日 terça-feira	水曜日 quarta-feira
木曜日 quinta-feira	金曜日 sexta-feira	土曜日 sábado	

月

1月 janeiro	2月 fevereiro	3月 março	4月 abril	5月 maio	6月 junho
7月 julho	8月 agosto	9月 setembro	10月 outubro	11月 novembro	12月 dezembro

季節

春	夏	秋	冬
primavera	verão	outono	inverno

(4) 分数・小数・倍数

分数

　2分の1の場合は metade や meio(a)を用いますが，それ以外では，um quarto (1/4) のように，分子に基数を用い分母に序数を用います。ただし，分子が2以上の場合，分母の序数が複数形になります。例えば，3分の2であれば，dois terços (2/3) となり，4分の3であれば，três quartos (3/4) となります。
＊分母が3の場合，terceiro ではなく terço を用います。
＊分母が11以上では，um doze avos (1/12) のように基数に avos を加えます。

小数

　小数を表す場合，ポルトガル語ではコンマを用います。例えば円周率であれば，日本語では3.14と表記しますが，ポルトガル語では3,14（três vírgula quatorze）となります。本文中の18,8%は，dezoito vírgula oito por cento と読みます。

倍数

　倍数表現は，dobro/duplo（2倍），triplo（3倍），quádruplo（4倍），quíntuplo（5倍）などといった表現を用いることもできますが，通常，4倍以上は「基数+vezes」で表します。

　Este país tem o dobro do tamanho daquele país.
　O Paulo tem o triplo da idade do João.
　O Brasil é vinte e três vezes maior do que o Japão.（L.3）

(5) 加減乗除

3 + 5 = 8 　　Três mais cinco（é）igual a oito.
　　　　　　　（Três e cinco são oito.）
9 − 7 = 2 　　Nove menos sete（é）igual a dois.
4 × 5 = 20 　 Quatro vezes cinco（é）igual a vinte.
　　　　　　　（Quatro multiplicado por cinco（é）igual a vinte.）
18 ÷ 6 = 3 　 Dezoito dividido por seis（é）igual a três.

11.2　不定代名詞・不定形容詞

(1) 不定形容詞

　不定形容詞は、原則として名詞の前に置かれます。主な不定形容詞は次の通りです。

	男性・単数	女性・単数	男性・複数	女性・複数
ある、いくらかの	algum	alguma	alguns	algumas
何の〜もない	nenhum	nenhuma	nenhuns	nenhumas
全ての	todo	toda	todos	todas
他の	outro	outra	outros	outras
多くの	muito	muita	muitos	muitas
少しの	pouco	pouca	poucos	poucas
それほど多くの	tanto	tanta	tantos	tantas
ある、いくらかの	certo	certa	certos	certas
どんな〜でも	qualquer	qualquer	quaisquer	quaisquer

＊vários, diferentes, diversos（様々の、数多くの）や ambos（両方の）は複数形のみで用いられます。

＊cada（それぞれの）や demais（その他の）は単複同形で、cada dia, cada uma, cada cinco dias や os demais alunos, as demais pessoas のように性による変化も受けません。

　　Você tem alguma dúvida? – Nenhuma.
　　　＊Não tenho nenhuma dúvida. と Não tenho dúvida alguma. では、いずれも「少しの疑いもない」の意味ですが、後者の方が前者よりも否定の意味が強調されます。

　　Todos os dias ela pratica esportes na academia.
　　　＊Todos os dias は、todo dia と表現することもできます。

　　Ele assiste à televisão todo o dia.
　　　＊todo o dia は、o dia todo や o dia inteiro と表現することもできます。

　　A região Centro-Oeste é a única a ter fronteiras com as outras quatro regiões. (L.11)
　　Tenho pouco tempo. / Tenho um pouco de tempo.

＊pouco は「ほとんど〜ない」のように否定的ですが，um pouco de 〜では「少し〜がある」のように肯定的になります。

(2) 不定代名詞

不定代名詞は，通常，単独で用いられます。主な不定代名詞は次の通りです。

不定代名詞	不定形容詞を用いた表現
alguém（誰か，ある人）	= alguma pessoa
algo（何か，あるもの）	= alguma coisa
ninguém（誰も〜ない）	= nenhuma pessoa
nada（何も〜ない）	= nenhuma coisa
tudo（全てのもの）	= todas as coisas

＊「みんな，全員」には todos（= todas as pessoas）が用いられます。

Alguém está na sala? – Ninguém está.（= Não está ninguém.）
＊ninguém, nenhum, nada のような否定語が動詞の前に置かれる場合，não は省略されます。

Tem algo（= alguma coisa）para dizer? – Nada.
＊現代のポルトガル語では algo よりも alguma coisa がよく用いられます。

Vocês têm alguma pergunta? – Não. Entendemos tudo!

11.3　疑問詞

(1) (o) que

que または o que は，疑問代名詞として「何」を意味します。
(O) que você está fazendo agora? – Estou assistindo a um filme de terror.
＊上記のように，前置詞を伴わず「何を」を表す場合，ポルトガル語では o que が頻繁に用いられます。

Para que ela usa as redes sociais? – Para manter amizade e contatos.
＊前置詞は疑問詞の前に置かれます。

Por que você não participou do evento? – Porque tive que ir ao médico. (= É que tive que ir ao médico)
＊Não sei por quê や O quê?! のように，que が文末に来るとアクセント記号が付きます。

また，que は，疑問形容詞として「何の」，「どの」を意味します。
Que história é essa? Não estou entendendo.
De que parte do Brasil você é? – Sou de Curitiba.

(2) quem

疑問代名詞として「誰」を意味します。
Quem é ele?/ Quem são elas?/ Quem somos nós? (→コラム8)
Com quem você foi ao cinema? – Fui sozinho.
De quem é esse dicionário eletrônico? – É do Fábio.

(3) qual / quais

疑問代名詞として「どれ」，「どの」を意味します。数の変化を伴います。
Qual é o seu tipo sanguíneo? – Acho que é O positivo.
Qual seria o segredo de Pelé? (L.26)
Quais são as suas qualidades e defeitos? – Deixe-me pensar.

疑問形容詞として「どの」を意味します。答えに選択肢がある場合，通常，que ではなく qual が用いられます。
Qual programa você usa para editar fotos?
Quais formas de pagamento são aceitas?

(4) quanto / quanta / quantos / quantas

疑問代名詞として「いくら」を意味します。
Quanto é?/ Quanto custa? – São 25 reais./ Custa 25 reais.

Quanto lhe devo? – Você me deve 100 reais.

疑問形容詞として「いくつの」を意味します。性数の変化を伴います。
 Quantos anos você tem? – Tenho vinte anos.
 Quantas pessoas cabem no estádio? – Cabem 10.000 pessoas.
 Quanto tempo falta para a sua aposentadoria? – Faltam 2 anos.

(5) onde

疑問副詞として「どこ」を意味します。
 Onde ficam os Açores? – Ficam no meio do Oceano Atlântico.
 Onde ele estuda? – Estuda na Universidade de São Paulo.
 Para onde você vai?/ Aonde você vai? – Vou para o trabalho/ao trabalho.
 Por onde o ônibus passa? – Passa pelo centro da cidade.
 De onde eles são? – Eles são de Moçambique.

(6) quando

疑問副詞として「いつ」を意味します。
 Quando é o seu aniversário? – É no dia 21 de março.
 Quando você vai voltar? – Vou voltar daqui a duas semanas.
 Mas quando e como o futebol chegou ao país?（L.25）

(7) como

疑問副詞として「どのように」を意味します。
 Como você se sente hoje? – Ainda estou com a voz rouca, mas já me sinto melhor.
 Como você soube da notícia? – Um amigo meu me contou.
 Como ela vai para a escola? – Ela sempre vai de carona comigo.

文法練習問題

1. 次の日本語をポルトガル語で表現しましょう。

    (1) 2人の姉妹
    (2) 15日
    (3) R$50
    (4) 500g
    (5) 千夜一夜（1001夜）
    (6) 2015年10月7日
    (7) 19世紀
    (8) 18,2%
    (9) 924.620 km²
    (10) 1763年1月1日

2. ポルトガル語で答えましょう。

    (1) Qual é a sua idade?
    (2) Qual é o seu número de telefone?
    (3) Qual é a sua data de nascimento?
    (4) Qual é a sua altura?
    (5) Quanto dinheiro você tem na sua carteira agora?

3. 次の不定代名詞・不定形容詞を適切な形で入れましょう。

    | alguém, ninguém, algo, nada, tudo, algum, nenhum, todo |

    (1) Você tem (　　) amiga no Brasil? – Não, não tenho (　　).
    (2) (　　) me telefonou ontem? – Não. (　　) telefonou.
    (3) Vocês têm (　　) para comer? – Não temos (　　).
    (4) Já li (　　) o livro. Adorei! Agora quero comprar (　　) as obras desta autora.
    (5) Está (　　) em ordem? Parece que está faltando (　　).

コラム 8

動詞 ser の一致

動詞 ser の一致は ser の前後に来る語によって変化します。

1. 複数の語に一致

単数の語と複数の語が動詞 ser の前後にある場合，ser は通常，複数の語に一致させます。

　　Isto eram resquícios da ditadura.
　　Estas ruínas são uma prova da existência de um povoado primitivo.

ただし，いずれかが人を表す語であれば，ser はその語と一致させます。

　　O filho é as alegrias dos pais.

2. 人称代名詞に一致

人称代名詞がある場合，ser はその代名詞に一致させます。

　　Nós somos o problema.
　　O problema são eles.

ただし，ser の前後がいずれも人称代名詞の場合は，最初の人称代名詞に一致させます。

　　Eu não sou você.
　　Nós não somos vocês.
　　Vocês não são nós.

Lição 12 — 中西部２：ブラジリア
Centro-Oeste II: Brasília

Situada no estado de Goiás, a capital do país, Brasília é a quarta maior cidade brasileira em termos populacionais. Terceira capital do país após Salvador e Rio de Janeiro, Brasília foi construída em meados do século XX a fim de que ocorresse o desenvolvimento do interior brasileiro. O "Plano Piloto" da cidade foi elaborado pelo urbanista Lúcio Costa (1902-1998) e pelo arquiteto Oscar Niemeyer (1907-2012), que se tornaram figuras conhecidas mundialmente. A nova capital foi inaugurada pelo então presidente Juscelino Kubitschek (1902-1976) em 21 de abril de 1960. Passado mais de meio século, a cidade continua a crescer, mas de forma não tão harmoniosa como imaginaram os seus idealizadores.

Algumas curiosidades sobre a capital brasileira: ela abriga 124 embaixadas estrangeiras; para a construção da cidade foram necessários mais de 60 mil trabalhadores, cuja maioria era originária do Nordeste; o aeroporto de Brasília é o segundo mais movimentado do país.

語句

situada	situar 位置づける，置く
terceira	terceiro 第 3（番目）の
construída	construir 建設する
interior	［男］内陸部，内側
elaborado	elaborar 作成する，練り上げる
figuras	［女］figura 人物，著名人
inaugurada	inaugurar 開始する，新しく開く
então	当時，その時
harmoniosa	harmonioso 調和がとれた
idealizadores	［男］idealizador 創設者，創案者
curiosidades	［女］curiosidade 好奇心，興味を引くこと
estrangeiras	estrangeiro 外国の
trabalhadores	［男］trabalhador 労働者
originária	originário（+ de）の出身，生まれ
movimentado	活発な，活気のある

Exercícios sobre o texto

1. Quantas capitais o Brasil teve?

2. Quem foi Oscar Niemeyer? Quais outras obras arquitetônicas são de autoria dele? Pesquise na internet e apresente aos seus colegas.

3. Brasília foi inaugurada por:
    a) Getúlio Vargas
    b) Lúcio Costa
    c) Juscelino Kubitschek
    d) Oscar Niemeyer
    e) Nenhum dos nomes acima.

4. Após ler o texto sobre Brasília, você gostaria de visitar a capital brasileira? Apresente três razões.

直説法半過去形

(1) 直説法半過去形の活用

①規則動詞

規則動詞の直説法半過去形の語尾変化は，次の通りです。第2活用動詞と第3活用動詞の活用語尾は同じです。

第1活用動詞（-ar）	-ava	-avas	-ava	-ávamos	-áveis	-avam
第2活用動詞（-er）	-ia	-ias	-ia	-íamos	-íeis	-iam
第3活用動詞（-ir）						

実際に活用させてみましょう。

	第1活用動詞 FALAR	第2活用動詞 ENTENDER	第3活用動詞 PARTIR
1人称単数形	falava	entendia	partia
2人称単数形	falavas	entendias	partias
3人称単数形	falava	entendia	partia
1人称複数形	falávamos	entendíamos	partíamos
2人称複数形	faláveis	entendíeis	partíeis
3人称複数形	falavam	entendiam	partiam

②不規則動詞

直説法半過去形が不規則に活用する動詞は次の4つ（およびこれらの動詞から派生した動詞）です。

	SER	TER	VIR	PÔR
1人称単数形	era	tinha	vinha	punha
2人称単数形	eras	tinhas	vinhas	punhas
3人称単数形	era	tinha	vinha	punha
1人称複数形	éramos	tínhamos	vínhamos	púnhamos
2人称複数形	éreis	tínheis	vínheis	púnheis
3人称複数形	eram	tinham	vinham	punham

(2) 直説法半過去形の用法

　直説法半過去の用法は，直説法現在との並行関係を理解すれば容易に習得できます。直説法現在では視点が発話時に置かれるのに対して，直説法半過去では過去のある時点に置かれます。しかし，「継続中の事柄」や「習慣的な事柄」を表すという点で両時制は共通しています。

現　　在	継続中の事柄	Eu aprendo português na escola. （現在）学校でポルトガル語を学んでいます
	習慣的な事柄	Eu vou à piscina nos fins de semana. 私は毎週末にプールに行きます
半過去	継続中の事柄	Eu aprendia português na escola. （過去のある時）学校でポルトガル語を学んでいました
	習慣的な事柄	Eu ia à piscina nos fins de semana. 私は毎週末プールに行っていました

　初学者が混乱しやすいのは，直説法半過去と直説法完了過去の用法の違いです。完了過去では，ある動作の完了が明確に表されるのに対して，半過去では，ある動作が完了しているかどうかは問題ではなく，その動作の継続的な側面に焦点が当てられます。次の例でその違いを確認しましょう。

　　Eu morei cinco anos em Portugal.
　　Quando eu era criança, morava em Portugal.

　　Ontem ele se deitou tarde.
　　Ele sempre se deitava cedo.

　直説法現在や直説法完了過去との違いを踏まえた上で，直説法半過去の用法を見ていきましょう。

　①過去のある時点に継続中の事柄を表します。
　　Mesmo com óculos novos, não enxergava direito.
　　Quando a minha mãe chegou em casa, eu falava no telefone.
　　Enquanto eu descansava, os meus amigos trabalhavam.
　　＊この用法は，口語では通常，過去進行形で表現されます。（→第15課：現在分詞）
　　　　Quando a minha mãe chegou em casa, eu estava falando no telefone.

②過去の習慣的な事柄を表します。

　　Antigamente o jogador fumava e bebia muito.

　　Quando eu era mais novo, praticava atletismo e natação.

　　Os participantes da folia se divertiam, jogando uns nos outros água, farinha, ovos ou limões de cheiro.（L. 24）

③願望・依頼などの婉曲表現として用いられます。

　　Queria falar com o Sr. Oliveira.

　　Podia me dar uma informação?

④条件文中の帰結節において，直説法過去未来形の代用をします。（→第29課：条件文）

　　Se não houvesse tanto trânsito, ele não chegava（＝chegaria）atrasado.

　　Eu entendia（＝entenderia）melhor, se o professor falasse mais devagar.

⑤直説法過去未来形の代用として，過去から見た未来を表します。

　　O Felipe me contou que ia ser（＝seria）pai.

　　Os nossos pais garantiram que não iam mudar（＝mudariam）de ideia.

文法練習問題

1. 次の動詞を直説法半過去形に活用させましょう。

	chamar	ler	dormir	ir	cair
1人称単数形					
2人称単数形					
3人称単数形					
1人称複数形					
2人称複数形					
3人称複数形					

2. 下線部の動詞を直説法半過去形に書き換えましょう。

　　A Débora é estudante da Universidade de São Paulo. Ela estuda Odontologia e adora o seu curso. Ela vive numa república com quatro colegas. Nos fins de semana ela sai com os amigos. Mas de duas em duas semanas ela vai para a casa dos pais e passa o seu tempo com a família.

3. 括弧内の動詞を直説法完了過去形か直説法半過去形に活用させましょう。

   (1) Quando (ir) ao cinema pela primeira vez, eu (ter) três anos.
   (2) (viver) fora da cidade, quando eles (ser) crianças.
   (3) Eu sempre (vir) cedo mas naquele dia (vir) atrasado.
   (4) Enquanto eu (assistir) ao jogo, eles (ajudar) nos afazeres domésticos.
   (5) (ventar) forte quando eu (sair) de casa.
   (6) Eu (ir) pagar a conta, mas o meu amigo (pagar) tudo por mim.
   (7) Eu (fazer) o café enquanto ela (pôr) a mesa.

12

コラム9 数量表現の一致

　次のような数量表現が単独で主語として用いられる場合，動詞は3人称単数形になります。

　　A maioria foi embora.
　　Grande parte permaneceu no lugar.

　数量表現が複数の語を伴って主語として用いられる場合，動詞は単数形にも複数形にもなり得ますが，単数形が好まれる傾向にあります。

　　A maioria dos habitantes passava (passavam) fome.

　　Boa parte das crianças tem (têm) contato constante com as tecnologias digitais.

　　A maior parte dos universitários considera (consideram) a leitura prazerosa.

ブラジリア大聖堂（1958年 オスカー・ニーマイヤー作）

ブラジル国民会議議事堂（1959年 オスカー・ニーマイヤー作）

Lição 13 — 中西部３：パンタナル
Centro-Oeste III: O Pantanal

O maior atrativo turístico da região Centro-Oeste é o Pantanal com suas belezas naturais. Apesar de ser bem menor em área, se comparado à Floresta Amazônica, ele apresenta flora e fauna tão diversificadas quanto a Amazônia. A pesca também atrai muitos turistas do Brasil e do exterior. Pescar nos rios pantaneiros é o desejo de muitos pescadores devido à grande variedade de peixes como o pintado, pacu e o curimbatá. Além da natureza, reconhecida como Patrimônio Natural Mundial pela UNESCO, a hospitalidade do pantaneiro - homem de vida simples - agrada a quem visita a região. Com ótima infraestrutura, belas paisagens formadas por grutas, cachoeiras, lagos de águas cristalinas onde se pode mergulhar, a cidade de Bonito no Mato Grosso do Sul é considerada o melhor destino de ecoturismo do Brasil.

Nas últimas décadas, porém, as atividades ligadas à indústria e ao comércio vêm se desenvolvendo com certa rapidez e destruindo boa parte do bioma Cerrado.

語句

diversificadas	diversificar 変化を与える，多様化する
pesca	［女］釣り
exterior	［男］外部，外国
pantaneiros	［男］pantaneiro パンタナルの住民
devido a	…のために，によって
além de	…の他に
reconhecida	reconhecer 再認識する，承認する
ótima	bom の絶対最上級（⇒ L.10）
infraestrutura	［女］インフラ（ストラクチャー）
paisagens	［女］paisagem 風景
cristalinas	cristalino 澄んだ，透明の
ecoturismo	［男］エコツーリズム
atividades	［女］atividade 活動
ligadas	ligado（＋a）…に関連のある
desenvolvendo	desenvolver 成長・発展させる
certa	certo 確かな，一定の，いくらかの
destruindo	destruir 破壊する
bioma	［男］生物群系，バイオーム

Exercícios sobre o texto

1. A região do Pantanal é um dos grandes atrativos turísticos brasileiros. Por que os turistas gostam de viajar para lá?

2. Você gosta de pescar? Por quê?

3. No Brasil há uma expressão "história de pescador". Você sabe o que ela significa? Primeiro, pesquise na internet o seu significado e suas formas de uso. Depois escreva uma "história de pescador"(10 linhas).

▌関係詞

　関係詞は，主節と従属節を接続するとともに，主節の中の語（先行詞）の代わりをします。接続詞と代名詞を兼ねた働きをするものを関係代名詞，接続詞と副詞を兼ねたものを関係副詞，接続詞と形容詞を兼ねたものを関係形容詞といいます。

　ポルトガル語の関係代名詞，関係副詞，関係形容詞には，それぞれ次のような語が用いられます。

関 係 代 名 詞	que
	quem
	o qual / a qual / os quais / as quais
関 係 副 詞	onde
関 係 形 容 詞	cujo / cuja / cujos / cujas

＊その他の関係代名詞に quanto / quanta / quantos / quantas があります。
　Não é necessário você contar tudo quanto aconteceu à vítima.

　なかでも頻繁に用いられるのは，語形の変化がなく，前置詞を伴わずに用いられる que と onde ですが，この課では，上記の全ての関係詞について見ていきます。

(1) 関係代名詞：que, quem, o qual / a qual / os quais / as quais

　① que
　　先行詞が人の場合にも物の場合にも用いられます。また，先行詞は従属節の主語にも目的語にもなり得ます。
　Recebi muitos amigos que vieram do Brasil.
　Recebi o e-mail que ele me mandou.

　　本文中でも関係代名詞 que が数多く用いられています。次の文はその一例です。ここでは，milhares de pessoas が先行詞となり，動詞 gostar の主語として機能しています。
　Manaus também atrai milhares de pessoas que gostam da natureza.（L.7）

　　関係代名詞の que は，単音節の前置詞（a, com, de, em, por など）と用い

られることがあります。その場合，前置詞は関係詞の前に置かれます。
Aquele filme de que você gosta está passando na televisão.
Os alunos vestem a camisa da faculdade em que estudam.

発展1　制限用法と非制限用法

　次の2つの文では，関係詞の前にコンマがあるか否かで文の意味が異なります。最初の文では，que以下の情報は先行詞dois irmãosを限定的に修飾するものですが，2つ目の文では，先行詞について補足説明を加えるものです。

　Tenho dois irmãos que trabalham nesta firma.（制限用法）
　（私にはこの企業に勤務する兄弟が2人いる）
　Tenho dois irmãos, que trabalham nesta firma.（非制限用法）
　（私には兄弟が2人いるが，彼らはこの企業に勤務している）

発展2　o que, os que の用法

　次の文では，いずれもo queやos queが用いられていますが，それぞれ用法は異なります。

　① Não entendi o que ele acabou de explicar.
　② Ele sofreu um acidente, o que me deixou preocupado.
　③ Esse é o (carro) que quero comprar.
　④ Este evento é para os que querem aprender a falar português.

①のo queはaquilo queに相当し，「～すること」を意味しています。②のコンマを伴うo queは，先行する節（Ele sofreu um acidente）全体を先行詞として受け，「そのことは～」と表現できます。③は，関係詞文の先行詞(carro)が省略されています。省略されている名詞によってはa que, os que, as queに変化します。④のos queは，aqueles queと同じで，「～する人々」を意味します。

② quem

先行詞が人の場合に用いられ，必ず前置詞に先行されます。
A moça com quem saímos é do Rio de Janeiro.
Não conheço o casal de quem você falou.

次のように，前置詞を伴わず quem を用いることはできないので注意が必要です。この場合は，que を用います。
誤：Este é o amigo quem veio do Brasil.
正：Este é o amigo que veio do Brasil.
＊quem が単独で用いられる場合，「〜する人（々）」を意味します。
Quem não presta atenção na aula, sempre perde informações importantes.

③ o qual / a qual / os quais / as quais

関係代名詞 que と同様に，先行詞が人・物いずれの場合にも用いられますが，o qual（および a qual, os quais, as quais）は主に書き言葉で使用されます。この関係詞は，必ず先行詞の性数に一致させなければなりません。そのため，次の例文のように先行詞が a irmã か o João か曖昧な場合には，いずれかを明確にする働きもします。しばしば，非制限的（説明的）に用いられます。
Outro dia vi a irmã do João, a qual mora na Bahia.
（先日，私はジョアンの姉（妹）を見かけましたが，彼女はバイアに住んでいます。）

sobre, durante, segundo のような 2 音節以上の前置詞や através de, com relação a などの前置詞句を伴う場合，一般的に関係詞は que ではなく o qual（および a qual, os quais, as quais）が用いられます。
O professor explicou a regra ortográfica segundo a qual a letra "s" entre duas vogais tem o som de /z/.

> ### 発展3 関係代名詞 o qual の使用
>
> なお，関係詞 o qual（および a qual, os quais, as quais）は，単音節の前置詞とも用いられます。本文中でも次の2例が確認できます。
>
> O problema no qual tenho pensado não tem solução.
> ＝ O problema em que tenho pensado não tem solução.
> A partir desse encontro da Europa com a América começou a história da formação territorial e étnica do Brasil, na qual a região Nordeste teve um papel importante.（L.9）
> Mundialmente famosos hoje, esses desfiles envolvem milhares de pessoas da comunidade na qual a escola de samba é afiliada.（L.24）

(2) 関係副詞：onde

主に先行詞に場所を表す語をとり，副詞節を導きます。em que で置き換えることも可能です。

O restaurante onde（＝em que）estivemos ontem está fechado.
Esta é a padaria onde（＝em que）sempre compramos pães, salgados e doces caseiros.

本文中では，次の文で onde が用いられています。

Com belas paisagens, cachoeiras, lagos de águas cristalinas onde se pode mergulhar, a cidade de Bonito é considerada o melhor destino de ecoturismo do Brasil.（L.13）

onde は em 以外の前置詞を伴うこともあります。前置詞 a を伴う場合に限って a と onde が結合し，一語の aonde が用いられます。

A rua por onde você sempre passa está em obras.
O restaurante aonde fomos era bom.

> **発展4 — onde と aonde**
>
> 　ブラジルの話し言葉では，onde と aonde が明確に区別されない傾向があります。例えば，規範的には aonde であるべきところに onde が使用され，O restaurante onde fomos era bom. のようになることがしばしば観察されます。
> 　この onde と aonde の混同は，関係詞文だけではなく，疑問詞で始まる疑問文でも見られます。
> 　　Onde você vai?（正：Aonde você vai?）
> 　　Aonde você está?（正：Onde você está?）

(3) 関係形容詞：cujo / cuja / cujos / cujas

　cujo / cuja / cujos / cujas は先行詞の所有を表す関係詞です。4つの形があるのは，後続する名詞の性数に一致するためです。

　次の例を見てみましょう。この場合、cuja は、先行詞の vizinho ではなく、後続する esposa の性数に一致しています。

　　O meu vizinho mora sozinho. ＋ A esposa dele faleceu no ano passado.
　　→ O meu vizinho, cuja esposa faleceu no ano passado, mora sozinho.

　　A garota, cujos pais trabalham em Portugal, realizou o seu sonho no Brasil.
　　Tenho uma prima cujo avô imigrou para o Brasil em 1915.

　cujo（および cuja, cujos, cujas）の使用は，ほぼ文語に限定され，口語では滅多に用いられることはありません。

　本文中では，次の文で cujo の使用が見られます。この場合，先行詞も後続の名詞もいずれも男性単数形ですが，cujo は後続する clima の性数に一致しています。

　　A Zona da Mata é mais populosa e urbanizada, enquanto o Sertão, cujo clima é semiárido, é pouco povoado e sofre com a seca.（L.8）

文法練習問題

1. 次の2文を適切な関係詞を用いて1文にしましょう。

    (1) O dicionário é caro. Eu comprei o dicionário.

    (2) Nós conhecemos o rapaz. Ele trabalha nesta fábrica.

    (3) Você viu a bolsa? A bolsa estava dentro do carro.

    (4) O carro está no estacionamento. O meu pai precisa do carro.

    (5) O prédio tem cinco andares. Os alunos estudam no prédio.

    (6) A Mariana é brasileira. A minha filha estuda com ela.

    (7) O meu amigo está ali. Você falou dele ontem.

    (8) A minha vizinha é muito elegante. Sempre penso nela.

    (9) O meu tio faleceu há dez anos. Eu gostava muito dele.

    (10) Este é o assunto. Discutimos sobre o assunto anteontem na reunião.

    (11) O filho da Maria vive em Curitiba. Ele vai se formar este ano.

    (12) O exame foi tranquilo. Ela estudou muito para o exame.

    (13) A agência faliu. Eu sempre obtinha o visto através dessa agência.

    (14) Esta é a empresa. O meu primo trabalha nesta empresa.

    (15) A recepção ainda está aberta. Você se dirigiu à recepção.

    (16) A avenida está congestionada. Nós sempre passamos pela avenida.

    (17) O aluno ganhou uma bolsa de estudo. A nota dele foi a melhor da turma.

    (18) A casa está abandonada. O dono da casa se mudou para o Rio.

    (19) Aqueles filmes são interessantes. A diretora dos filmes é brasileira.

コラム10 世界遺産・中西部

中西部には文化遺産と自然遺産が2件ずつあります。

Patrimônio Cultural（文化遺産）
- 1987 ― O Plano Piloto de Brasília, Distrito Federal
ブラジリアのパイロット・プラン（連邦区）
- 2001 ― Centro Histórico da Cidade de Goiás, Goiás
ゴイアス市歴史地区（ゴイアス州）

Patrimônio Natural（自然遺産）
- 2000 ― Complexo de Áreas Protegidas do Pantanal, Mato Grosso e Mato Grosso do Sul
パンタナル保全地域（マット・グロッソ州とマット・グロッソ・ド・スル州）
- 2001 ― Áreas Protegidas do Cerrado: Chapada dos Veadeiros e Parque Nacional das Emas, Goiás
セラード保護地域群：ヴェアデイロス平原国立公園とエマス国立公園（ゴイアス州）

Lição 14

南東部１：複雑な様相
Sudeste I: As suas complexidades

Segunda menor região brasileira com 924.620 km² de área, a região Sudeste é composta por quatro estados: Espírito Santo, Minas Gerais, Rio de Janeiro e São Paulo. Ela abrange cerca de 40% da população brasileira com mais de 84 milhões de habitantes, concentrando as três maiores metrópoles do país, as cidades de São Paulo, Rio de Janeiro e Belo Horizonte.

Apesar do desenvolvimento das outras regiões nos últimos dez anos, a região Sudeste continua a ser a mais desenvolvida e detém 55,4% do PIB (Produto Interno Bruto), valor maior do que a soma das outras quatro regiões. Um número considerável de pessoas ainda migra de outras áreas do país para as grandes capitais do Sudeste em busca de melhores empregos e oportunidades de estudo. O crescimento desigual dos maiores centros urbanos da região tem produzido problemas crônicos como engarrafamentos, moradia, poluição, enchentes no verão e a violência que vem aumentando nos últimos anos.

語句

cerca de	およそ…
concentrando	concentrar 集める
metrópoles	［女］metrópole 大都市
desenvolvida	desenvolvido 発展した，先進の
Produto Interno Bruto	国内総生産
em busca de	…を求めて
empregos	［男］emprego 雇用，仕事
oportunidades	［女］oportunidade 機会
desigual	等しくない，不均衡な
centros	［男］centro 中心(地)
urbanos	urbano 都市の，都会の
produzido	produzir 生産する，引き起こす
crônicos	crônico 慢性的な
engarrafamentos	［男］engarrafamento 渋滞
enchentes	［女］enchente 大水，洪水
aumentando	aumentar 増大する，深刻化する

Exercícios sobre o texto

1. Por que podemos considerar a região Sudeste como a mais importante do Brasil?

2. Escolha uma das três principais metrópoles da região Sudeste e pesquise sobre as suas principais características urbanas (transporte, lazer, gastronomia, cultura etc..).

3. Na cidade onde você mora há engarrafamentos, enchentes ou poluição? Quais são os principais problemas da sua cidade? Escreva no mínimo 3 e explique para os seus colegas.

過去分詞・直説法複合完了過去形

14.1 過去分詞

(1) 過去分詞の形態

①規則形
　　第1活用動詞の場合は-ar を-ado に，第2活用動詞と第3活用動詞では-er と-ir をいずれも-ido に置き換えます。
　　第1活用動詞　　falar　　→　　fal<u>ado</u>
　　第2活用動詞　　entender　→　　entend<u>ido</u>
　　第3活用動詞　　partir　　→　　part<u>ido</u>

②不規則形
　　次の動詞は不規則な形の過去分詞を持ちます。後述する複合時制（完了時制）においても受動態においても不規則形が用いられます。

abrir	→	aberto	escrever	→	escrito	ver	→	visto
fazer	→	feito	pôr	→	posto	vir	→	vindo
dizer	→	dito	cobrir	→	coberto			

③二重過去分詞
　　動詞によっては，規則形と不規則形の2つの過去分詞を持つものがあります。原則として，規則形は複合時制（完了時制）に，不規則形は受動態に用いられます。2つの過去分詞を持つ主な動詞の不規則形は次の通りです。

ganhar	→	ganho	gastar	→	gasto	pagar	→	pago
aceitar	→	aceito	acender	→	aceso	eleger	→	eleito
entregar	→	entregue	expressar	→	expresso	expulsar	→	expulso
extinguir	→	extinto	imprimir	→	impresso	limpar	→	limpo
matar	→	morto	morrer	→	morto	prender	→	preso
salvar	→	salvo	soltar	→	solto	suspender	→	suspenso

*ganhar, gastar, pagar は，2つの過去分詞を持つ動詞ですが，複合時制（完了時制）においても不規則形が使用される傾向にあります。
*ポルトガルでは aceitar の過去分詞（不規則形）は aceite です。
*ブラジルのくだけた話し言葉で，pegar の過去分詞に pego という不規則形が用いられることがあります。

(2) 過去分詞の用法

① ter（または haver）＋過去分詞：複合時制（完了時制）を形成します。
Esta loja tem aceitado cheques.
*性数変化はしません。

② ser ＋過去分詞（＋ por ＋動作主）：受動態を形成します。（→第18課：受動態）
Os pacotes foram enviados pelo SEDEX.
*性数変化をします。
*SEDEX = Serviço de Encomenda Expressa Nacional

③ estar ＋過去分詞：ある動作が行われた後の状態を表します。
As janelas foram abertas pelo aluno. → As janelas estão abertas.
O ladrão foi preso pela polícia. → O ladrão está preso.
*性数変化をします。

④形容詞として用いられます。
o modo polido   a região desenvolvida   as línguas faladas
*性数変化をします。

⑤分詞構文：動詞と接続詞を兼ねた働きをします。主節の動詞よりも前に完了したことや受身の意味を表します。文脈によって，時，原因・理由，条件，譲歩などを表します。
Acabada a reunião, os funcionários retomaram a rotina de trabalho.
Passado mais de meio século, a cidade continua a crescer. (L.12)
Terminadas as análises, o paciente recebeu o seu resultado.
*性数変化をします。

14.2　直説法複合完了過去形

すでに第5課で述べたように，直説法には次の4つの複合時制があり，いずれの場合も ter（または haver）＋過去分詞で表されます。

直説法複合時制	複合完了過去（tenho falado）
	大過去・複合形（tinha falado）
	複合未来（terei falado）
	複合過去未来（teria falado）

＊ポルトガル語の複合時制では一般的に ter が用いられますが，書き言葉を中心に haver が用いられることもあります。とりわけ大過去・複合形で haver の使用が見られます。

この課では直説法の複合時制の1つである複合完了過去形について見ていきます。

(1) 直説法複合完了過去形の活用

直説法複合完了過去形は，ter（または haver）の直説法現在形＋過去分詞で表されます。

	ter（haver）の直説法現在形＋過去分詞	
1人称単数形	tenho（hei）	falado
2人称単数形	tens（hás）	falado
3人称単数形	tem（há）	falado
1人称複数形	temos（havemos）	falado
2人称複数形	tendes（haveis）	falado
3人称複数形	têm（hão）	falado

複合時制の過去分詞については，次の2点に注意しましょう。
- 2つの過去分詞を持つ動詞では規則形を使用。
- 過去分詞は男性単数形を使用。

(2) 直説法複合完了過去形の用法

　ポルトガル語の複合完了過去形は，過去から現在（および現在の直前）まで反復する動作や継続する状態を表す場合に用いられます。そのため，recentemente, ultimamente, estes dias といった，「最近」，「このところ」といった意味の副詞（句）と頻繁に用いられます。

　語形こそ英語やスペイン語の現在完了形と類似しているものの，使い方は大きく異なるので注意が必要です。とりわけ英語の現在完了形の影響で，「～したところだ（完了）」や「～したことがある（経験）」のように訳してしまいがちですが，ポルトガル語の複合完了過去形は，「（このところ）～している」という意味しか持ちません。

　　Ultimamente temos discutido sobre os alimentos transgênicos.
　　Você tem visto o Paulo? – Não, não tenho visto.
　　Desde que começou a trabalhar, ela tem ganho (ganhado) muito.
　　O que você tem feito estes dias? – Não tenho feito nada de especial. Só tenho ficado em casa para estudar.
　　O crescimento desigual dos maiores centros urbanos da região tem produzido problemas crônicos. (L.14)
　　A lei tem suscitado debates ainda mais calorosos entre favoráveis e contrários sobre o sistema de cotas. (L.30)

直説法完了過去形の用例と比較してみましょう。
　　Ultimamente o João tem faltado às aulas.
　　Ontem o João faltou às aulas.

　　Você tem viajado este ano? – Infelizmente não. Tenho tido muito trabalho.
　　Você já viajou para o Brasil? – Não, nunca viajei.

文法練習問題

1. 括弧内の動詞を直説法複合完了過去形に活用させましょう。

    (1) Ultimamente (fazer) muito calor.
    (2) Ultimamente eu (escrever) cartas para o meu namorado.
    (3) Ultimamente muitos turistas (vir) ao nosso país.
    (4) Ultimamente o meu filho não (sair) à noite.
    (5) Ultimamente a nossa família (pagar) contas mais altas.
    (6) Ultimamente nós (ganhar) muito dinheiro mas também (gastar) muito.
    (7) Ultimamente eles (encontrar-se) com frequência.
    (8) Ultimamente os brasileiros (comer) menos feijão de acordo com a estatística.

2. 括弧内の動詞を直説法複合完了過去形か直説法完了過去形に活用させましょう。

    (1) Há pouco eu (ver) o Paulo, mas estes dias não (ver) a Maria.
    (2) Ontem ela (faltar) ao trabalho porque (ter) que ir à prefeitura.
    (3) Desde que eu (mudar) de casa, (dormir) mal.
    (4) Os meus pais (estar) nos Estados Unidos há 20 anos.
    (5) (haver) muitas críticas desde que nós (publicar) este artigo no jornal.
    (6) Nestes últimos tempos (aumentar) acidentes com jovens.
    (7) No mês passado (chover) pouco e (fazer) calor. E este mês (fazer) mais frio que nos outros anos.

コラム 11

世界遺産・南東部

南東部には4件の文化遺産と1件の自然遺産があります。

Patrimônio Cultural（文化遺産）

1980 — A Cidade Histórica de Ouro Preto, Minas Gerais
　　　　古都オウロ・プレト（ミナス・ジェライス州）

1985 — O Santuário de Bom Jesus de Matosinhos, em Congonhas do Campo, Minas Gerais
　　　　ボン・ジェズス・デ・マトジニョスの聖所（ミナス・ジェライス州コンゴニャス・ド・カンポ市）

1999 — Centro Histórico da Cidade de Diamantina, Minas Gerais
　　　　ディアマンティナ市歴史地区（ミナス・ジェライス州）

2012 — Rio de Janeiro, paisagens cariocas entre a montanha e o mar, Rio de Janeiro
　　　　リオ・デ・ジャネイロ：山と海に囲まれたリオ・デ・ジャネイロ市の景観（リオ・デ・ジャネイロ州）

Patrimônio Natural（自然遺産）

1999 — Mata Atlântica - Reservas do Sudeste, São Paulo e Paraná
　　　　大西洋岸森林南東部保護区群（サンパウロ州とパラナ州）
　　　　＊南東部のサンパウロ州と南部のパラナ州にまたがって広がっています。

Lição 15

南東部２：金とコーヒー
Sudeste II: Ouro e Café

A descoberta das minas no final do século XVII, que provocou uma "corrida do ouro" para a região Sudeste, foi um dos motivos de transferência da capital colonial de Salvador para o Rio de Janeiro em 1763. Na segunda metade do século XVIII com o esgotamento das jazidas de diamantes e ouro e a dificuldade cada vez maior em se extrair esses minérios, devido à precária tecnologia de prospecção da época, muitas cidades da região das Minas Gerais entraram em declínio econômico e populacional. Concomitantemente a isso, em meados do século XIX, a lavoura do café avançava pelo eixo Rio-São Paulo, trazendo um grande fluxo de imigrantes europeus e depois japoneses para trabalhar na cafeicultura. Tendo sofrido com o trabalho duro nas fazendas, muitos imigrantes preferiram migrar para as cidades a ficar trabalhando no campo. Esses foram os principais fatores que contribuíram para a consolidação da hegemonia da região Sudeste nas esferas econômica e política do Brasil.

語句

descoberta	［女］発見
minas	［女］mina 鉱山，鉱脈，鉱床
corrida	［女］走ること，ラッシュ
colonial	植民地の
jazidas	［女］jazida 鉱脈，鉱床
cada vez	その度ごとに
minérios	［男］minério 鉱石，原鉱
precária	precário 不安定な，不十分な
prospecção	［女］探鉱
declínio	［男］衰退，衰え
concomitantemente	（+a）…に付随して，同時に
fluxo	［男］流れ
cafeicultura	［女］コーヒー栽培
fatores	［男］fator 要因，ファクター
hegemonia	［女］ヘゲモニー，支配権，主導権
esferas	［女］esfera 範囲，領域

Exercícios sobre o texto

1. Após a leitura do texto com atenção, explique com as suas palavras quais foram as principais razões que contribuíram para a formação da região Sudeste.

2. O que significa a expressão "corrida do ouro"?

3. No Japão qual seria a região similar a Sudeste no Brasil? Quais são as principais características dela?

現在分詞

ポルトガル語の現在分詞は，例外なく，全ての動詞の不定詞（原形）から語末の-r を除き，-ndo を付加することにより作られます。

第1活用動詞　falar　→　falando
第2活用動詞　entender　→　entendendo
第3活用動詞　partir　→　partindo

この課では，現在分詞が用いられる表現を見ていきます。

(1) 進行形

ブラジルとポルトガルでは進行形の表現方法が異なります。ブラジルでは estar + 現在分詞で表されますが，ポルトガルでは estar + a + 不定詞（原形）となります。ここではブラジル・ポルトガル語の進行形を中心に見ていきます。

①現在進行形
　次の文はいずれも「この企業で働いている」ことを表しています。現在進行形の文では，「この企業で働いているところである」のに加えて，「最近この企業で働き始めた」または「この企業である一定の期間だけ働く」といったニュアンスが含まれます。
Eu estou trabalhando nesta empresa.
Eu trabalho nesta empresa.

　また，次のように相手に何をしているところなのかを尋ねる場合には進行形の文が用いられますが，相手の職業を尋ねる場合には直説法現在形の文が用いられます。
O que você está fazendo? – Estou cozinhando.
O que você faz? – Sou cozinheiro.

＊ポルトガル語では，gostar, querer, poder といった，通常，英語では進行形を用いない状態動詞でも進行形で表現することができます。
Estou gostando da sua companhia.
O nosso site não está podendo ser acessado no momento.

＊天候を表す場合にも進行形を用いることがあります。
　　Está chovendo aí? – Não. Está fazendo sol!

②近接未来
　　現在進行形は，進行中の動作・出来事を表す以外に，近接未来を表すこともあります。とりわけ話し言葉で使われます。
Estamos chegando.
Dentro de 10 minutos os garçons estão servindo a sobremesa.

③過去進行形
　　過去のある時点で進行中の動作・出来事を表す場合は，過去進行形が用いられます。直説法半過去形で表現することもできますが，過去の習慣を表す場合と区別するために，進行中の動作・出来事に対しては過去進行形がよく用いられます。次の文を比べてみましょう。
Quando você me ligou, eu estava estudando na biblioteca.
Quando eu era estudante, sempre estudava na biblioteca.

Eu estava dormindo enquanto você estava estudando.
Eu sempre dormia enquanto você estudava.

(2) 現在分詞が用いられるその他の表現

① andar ＋現在分詞
　　動作の反復や継続を表します。「〜している」を意味しますが，estar ＋現在分詞よりも時間の幅が広く，「このところ〜している」という意味で用いられます。
Os meus pais andam procurando uma escola para o meu irmão.
Ando dormindo mal.

② ir ＋現在分詞
　　「だんだん〜していく」を意味します。文脈によっては，「〜しながらいく」を意味することもあります。
O samba foi conquistando o coração dos brasileiros. (L.23)
O grupo de torcedores vai cantando na rua.

O carro ia caindo da ponte quando os bombeiros chegaram e o rebocaram.
＊irが直説法半過去形の場合には,「もう少しで～するところだった」を意味します。上の文では、そのときまさに車が落ちようとしていたことを表しています。

③ vir ＋現在分詞

「だんだん～してくる」を意味します。文脈によっては,「～しながらくる」を意味することもあります。

O crescimento dos maiores centros urbanos tem produzido problemas como poluição, enchentes e a violência que vem aumentando nos últimos anos. (L.14)
Você veio assobiando.

④ viver ＋現在分詞

「いつも～している」を意味します。

A minha esposa vive reclamando de dores e outras coisas.

(3) 分詞構文

分詞構文は，動詞と接続詞を兼ねた働きをし，次のような場合に用いられます。主節の時制よりも前に完了したことを明示する場合には，tendo（または havendo）＋過去分詞で表される複合形（完了形）を用いることもあります。

①時

「～する時」,「～した後」などを意味します。

Vendo as fotos, lembrei-me dos velhos tempos.
（＝Quando vi as fotos, lembrei-me dos velhos tempos.）

②原因・理由

「～なので」を意味します。

Tendo sofrido com o trabalho duro nas fazendas, muitos imigrantes preferiram migrar para as cidades a ficar trabalhando no campo. (L.15)
（＝Como sofreram com o trabalho duro nas fazendas, muitos imigrantes preferiram migrar para as cidades a ficar trabalhando no campo.）

③付帯状況

　２つの動作が同時に行われる場合やある出来事が続いて起こる場合に用いられ,「～しながら」または「～して,そして」を意味します。

Os meninos assistiram ao filme comendo pipoca.

O jovem Edson foi levado para o Santos Futebol Clube em 1956 com a idade de 15 anos estreando（＝e estreou） profissionalmente no clube no mesmo ano.（L.26）

④条件

　「～すれば」を意味します。

Seguindo as instruções, o produto durará anos.

（＝Se seguir as instruções, o produto durará anos.）

⑤譲歩

　「～だが, ... である」を意味します。

Não sendo médico, o homem faz curas milagrosas.

（＝Mesmo que não seja médico, o homem faz curas milagrosas.）

　＊ブラジルでは,譲歩を表す場合,しばしば現在分詞の前に mesmo を付加します。本文中にも次のような例が見られます。

　　Mesmo ocupando a menor área geográfica dentre as cinco regiões, a região Sul é a segunda mais desenvolvida.（L.17）

文 法 練 習 問 題

1. 本文中に出てくる次の文を和訳してみましょう。

   (1) Vários gêneros de samba foram surgindo.
   (2) Nos últimos 20 anos, o número de imigrantes da China e da Coreia do Sul vem aumentando bastante.
   (3) Pelé é o maior artilheiro do Santos F. C. e da seleção brasileira, totalizando mais de mil e duzentos gols feitos em 21 anos de carreira.
   (4) A região Sul é a única que se encontra localizada fora da zona tropical, apresentando um clima mais ameno.
   (5) Os participantes da folia se divertiam, jogando uns nos outros água, farinha, ovos ou limões de cheiro, que eram pequenas bolas de cera com água.
   (6) Concomitantemente a isso, em meados do século XIX, a lavoura do café avançava pelo eixo Rio-São Paulo, trazendo um grande fluxo de imigrantes europeus e depois japoneses para trabalhar na cafeicultura.
   (7) Muitos japoneses abandonaram a lavoura, fugindo das fazendas.

坂が多い古都オウロ・プレトの街並み

金の時代の中心都市オウロ・プレト

Lição 16

南東部３：その魅力
Sudeste III: Os seus atrativos

Quando se fala em turismo da região Sudeste, não há dúvida de que a cidade do Rio de Janeiro é o destino mais procurado por turistas devido às paisagens de cartão-postal e ao desfile de Carnaval no sambódromo. Mas as atrações do Sudeste não se resumem apenas ao que nos oferece a capital carioca. As cidades históricas mineiras como Ouro Preto, Tiradentes e Congonhas encantam os visitantes com sua arquitetura colonial e igrejas barrocas. A metrópole paulistana, por sua vez, oferece a quem gosta de arte e cultura diversos programas e exposições em seus museus, cinemas e teatros.

No universo da gastronomia, o Rio de Janeiro tem na feijoada o seu cartão de visita, enquanto a cidade de São Paulo é famosa pela variedade de restaurantes para todos os paladares. No entanto, é no estado de Minas Gerais que está o "estômago" da região com suas iguarias tradicionalíssimas como o tutu de feijão, o leitão à pururuca, os doces caseiros e o pão de queijo.

語句

procurado	procurar 求める，訪れる
sambódromo	［男］サンボドロモ〈カーニバルのパレードが行われるリオ・デ・ジャネイロ市の会場〉
atrações	［女］atração 魅力，呼び物
se resumem	resumir-se(+a) …に要約される
mineiras	mineiro ミナス・ジェライス州の
paulistana	paulistano サンパウロ市の
por sua vez	por ～ vez …の順番，出番
exposições	［女］exposição 展示，展覧会
gastronomia	［女］ガストロノミー，美食（学）
feijoada	［女］フェイジョアーダ〈黒い豆を豚の脂身や干し肉，ソーセージなどと煮込んだ料理〉
paladares	［男］paladar （味の）好み，味覚
iguarias	［女］iguaria おいしいもの，珍味
tradicionalíssimas	tradicional の絶対最上級（⇒ L.10）
tutu de feijão	トゥトゥ・デ・フェイジャン〈煮た豆にキャッサバ粉かトウモロコシ粉を足して練った料理。ベーコンや玉ねぎ，にんにくなどを加える〉
leitão à pururuca	（皮をカリッと香ばしく焼いた）子豚の丸焼き
caseiros	caseiro 家の，自家製の

Exercícios sobre o texto

1. Explique o trecho:

   "Quando se fala em turismo da região Sudeste, não há dúvida de que a cidade do Rio de Janeiro é o destino mais procurado por turistas devido às paisagens de cartão-postal (...)"

2. Se você visitasse a região Sudeste, onde você gostaria de ir? Por quê?

3. Onde fica o "estômago" do Japão?

▌目的語人称代名詞

　動詞や前置詞の目的語となる代名詞は，アクセントを持たない代名詞（弱形代名詞）と持つ代名詞（強形代名詞）に大別されます。前者はさらに直接目的語と間接目的語に分類されるのに対して，後者は com 以外の前置詞の後に来るものと前置詞 com の後に来るものに分類されます。以下が目的語人称代名詞の体系です。

主語	弱形代名詞 前置詞なし 直接目的語	弱形代名詞 前置詞なし 間接目的語	強形代名詞 前置詞あり com 以外の前置詞の後	強形代名詞 前置詞あり com の後
eu	me	me	mim	comigo
tu	te	te	ti	contigo
você ele ela	o, a (lo, la) (no, na)	lhe	você, ele, ela	com + você, ele, ela
nós	nos	nos	nós	conosco
vós	vos	vos	vós	convosco
vocês eles elas	os, as (los, las) (nos, nas)	lhes	vocês, eles, elas	com + vocês, eles, elas

＊弱形代名詞は，アクセントを有する前後の語（通常，動詞）に付随して発音されます。動詞の後に置かれる場合は，Conheço-o のようにハイフンで結ばれます。
＊3 人称の直接目的語には男性形と女性形の区別があります。基本的には o(s), a(s) が用いられますが，動詞の語形によっては lo(s), la(s), no(s), na(s) に変化します。詳しくは，本課の **(3) 弱形代名詞の位置** を参照。
＊2 人称複数形の vos, vós, convosco は，現代のブラジル・ポルトガル語では，きわめて特殊な場合を除き，使用されません。
＊conosco は，ポルトガルでは connosco と綴ります。

(1) 直接目的語人称代名詞

　直接目的語とは，前置詞を介さず動詞と結びつく目的語のことです。日本語では「～を」と訳すことが大半ですが，そうでない場合もあるので注意が必要です。

　Você comprou aquele aspirador portátil? – Não, não o comprei.
　Um vizinho me cumprimentou esta manhã.

Vocês encontraram a minha irmã no shopping? – Não a encontramos.
Você ainda vai para a aula de ioga? – Já não a frequento mais.

　通常，直接目的語の前に前置詞は置かれませんが，目的語を明示する場合や強調の場合に，まれに前置詞 a が置かれることがあります。例えば，次の2つの例のうち最初の例では，a がなければ主語と目的語の区別がつきません。そのため，前置詞 a を挿入することによって目的語を明示することができます。また，2つ目の例では，a ti を加えることで，「他ならぬ君のこと」のように強調を表します。

Venceu ao adversário o nosso time.
Eu te amo a ti.

発展1　直接目的語人称代名詞 te の使用

　ブラジルでは，対称詞に você が用いられる地域でも，形式ばらない話し言葉では，親しい相手に対して2人称単数の目的語を使用することがしばしばあります。

Se você quiser, eu te levo para a sua casa.
＊下線部はいずれも同一人物を指しています。

発展2　3人称の直接目的語人称代名詞の使用

　1人称の主語人称代名詞 eu と nós には目的語人称代名詞 me と nos がそれぞれ対応していますが，3人称では，対称詞の você(s)，他称詞の ele(s)，ela(s) いずれの場合にも，目的語には o(s) や a(s) が用いられます。

主語　－　目的語	例　文
eu – me	Eu vi a Rita ontem. E a Rita também me viu.
você – o/a	Você viu a Rita ontem. E a Rita também o/a viu.
ele/ela – o/a	Ele viu a Rita ontem. E a Rita também o viu. Ela viu a Rita ontem. E a Rita também a viu.
nós – nos	Nós vimos a Rita ontem. E a Rita também nos viu.
vocês – os/as	Vocês viram a Rita ontem. E a Rita também os/as viu.

| eles/elas – os/as | Eles viram a Rita ontem. E a Rita também os viu. |
| | Elas viram a Rita ontem. E a Rita também as viu. |

　このような曖昧性を回避する方法として，とりわけ você(s) の場合に主語の人称代名詞が目的語として用いられることがあります。例えば，「リタもあなたを見た」と言う場合に，目的語人称代名詞 o/a を用いる選択肢①の他に，②のように você を用いる方法や，③のように2人称単数形の te を用いる方法があります。①は改まった書き言葉で用いられるのに対して，②と③は話し言葉でしばしば用いられます。とりわけ③は親しい相手に対して用いられる選択肢です。

　① Você viu a Rita ontem. E a Rita também o/a viu.
　② Você viu a Rita ontem. E a Rita também viu você.
　③ Você viu a Rita ontem. E a Rita também te viu.

発展3 — 3人称の直接目的語人称代名詞の省略

　ブラジル・ポルトガル語では，とりわけ話し言葉において3人称の目的語人称代名詞が省略される傾向にあります。例えば，Você conhece o João? という質問に対して次の3つの答え方があります。

　① Sim, eu o conheço muito bem.（目的語人称代名詞の使用）
　② Sim, conheço.（目的語の省略）
　③ Sim, conheço ele.（主語人称代名詞の使用）

　①はもっぱら改まった書き言葉で用いられる選択肢であるのに対して，③はくだけた話し言葉で用いられます。ただし③は，発展2 で触れた você の場合ほど使用範囲は広くありません。規範文法書では ele(s)/ela(s) を目的語として使用することを認めていないためか，話し言葉でも，改まった場面では回避されます。一方，②は目的語が省略された選択肢ですが，ちょうど①と③の中間的な選択肢にあたり，ブラジルのポルトガル語では書き言葉・話し言葉いずれの場合にもよく用いられます。

> **発展4** ― 目的語としての a gente の使用
>
> 話し言葉では，主語人称代名詞 nós の代わりに a gente がしばしば用いられますが，目的語の位置でも a gente がそのまま用いられます。
> A gente viu a Rita ontem. Mas a Rita ignorou a gente.
> Você quer ir com a gente?

(2) 間接目的語人称代名詞

間接目的語とは，前置詞を介して動詞と結びつく目的語のことです。通常，日本語では「～に」と訳されます。

Os meus filhos nunca me deram presentes no dia das Mães.
Ela diz que não recebeu. Mas eu já lhe mandei a mensagem.

これらは，後述する para（または a）＋人称代名詞の形をとることがあります。
Os meus filhos nunca deram presentes para（または a）mim no dia das Mães.
Ela diz que não recebeu. Mas eu já mandei a mensagem para（または a）ela.

とりわけ lhe や lhes では指示内容が不明瞭なため，話し言葉では para ＋人称代名詞の形を好む傾向があります。例えば Eu nunca lhe disse isso. であれば次のように置き換えられます。

você の場合：Eu nunca disse isso para você.
ele の場合　：Eu nunca disse isso para ele.
ela の場合　：Eu nunca disse isso para ela.

なお，次のように体の一部を表す名詞と用いられると，間接目的語が名詞の所有主になることがあります。

O cabeleireiro cortou-me o cabelo.
Doem-lhe as costas.

(3) 弱形代名詞の位置

弱形代名詞の位置に関してポルトガルとブラジルでは違いがあります。ポルト

ガルでは，①〜④をはじめとする場合に弱形代名詞は動詞の前に置かれます。このような制限がない場合には，弱形代名詞は必ず動詞の後に置かれます。
　①não, nunca, nada, ninguém などの否定語がある場合。
　②疑問詞で文が始まる場合。
　③不定代名詞・不定形容詞や já, sempre, só をはじめとする副詞がある場合。
　④従属節で用いられる場合。

　一方，ブラジルでは，話し言葉を中心に，動詞の前に弱形代名詞を置く傾向があります。もっとも，書き言葉では，ポルトガルの規範と同じように動詞の後に置かれることもあります。そのような場合，次のような規則に従う必要があります。

動詞の語末が-r,-s,-z で，目的語 o(s), a(s) が続く場合
　r, s, z を削除しハイフンを付した上で-lo(s),-la(s) を付加します。

Vou visitar　＋　o　→　Vou visitá-lo
Vou fazer　　＋　o　→　Vou fazê-lo
Vou pôr　　　＋　o　→　Vou pô-lo
Vou abrir　　＋　o　→　Vou abri-lo
Vendemos　　＋　o　→　Vendemo-lo
Faz　　　　　＋　o　→　Fá-lo, Fez + o → Fê-lo, Fiz + o → Fi-lo

＊動詞の音節末に強勢がある場合，母音 a, e, o にはアクセント記号が付与されるので注意が必要です。

　本文中では，次のような例が見られます。
O árduo trabalho, baixos salários e a precária assistência das autoridades japonesas que deveriam ampará-los desiludiram os pioneiros japoneses.　(L.28)

動詞の語末が-am,-em,-ão,-õe のような二重鼻母音で，目的語 o(s), a(s) が続く場合
　-am,-em,-ão,-õe の後にハイフンを挿入して no(s), na(s) を付加します。

Visitaram	+ o	→	Visitaram-no
Vendem	+ o	→	Vendem-no
Dão	+ o	→	Dão-no
Põe	+ o	→	Põe-no

＊直説法未来形や直説法過去未来形では，Farei + o → Fá-lo-ei, Receberá + as → Recebê-las-á, Dirão + me → Dir-me-ão, Escreveria + lhe → Escrever-lhe-ia のように，弱形代名詞は，動詞の不定詞に相当する部分（dizer, fazer, trazer などでは不定詞から-ze-を除く部分）と活用語尾との間に挿入されます。

(4) 前置詞＋人称代名詞

前置詞＋人称代名詞は前掲の表の通りです。すでに第9課の前置詞の項目で触れたように，次の前置詞と人称代名詞は縮合するため注意が必要です。

com	de	em
com + mim → comigo	de + ele (s) → dele (s)	em + ele (s) → nele (s)
com + ti → contigo	de + ela (s) → dela (s)	em + ela (s) → nela (s)
com + nós → conosco		
com + vós → convosco		

Será que o Júlio contou para você? Ele vai viajar comigo para o México.
Devemos economizar água. Precisamos muito dela.
Venho ouvindo as suas promessas. Mas já não acredito mais nelas.

文法練習問題

1. 下線部を1語の人称代名詞に書きかえましょう。弱形代名詞は動詞の後ろに置くこと。

   (1) O médico atendeu *nós às 4 horas.
   (2) O Mário visitou *tu ontem à tarde.
   (3) A Adriana levou *eu no carro da Adriana.
   (4) A Helena comprou a geladeira ontem.
   (5) Maria, a Beatriz visitou você ontem?
   (6) José, a Larissa visitou você ontem?
   (7) A Paula e eu vimos as moças no circo.
   (8) Quero ver a atriz.
   (9) Vou encontrar os meus amigos.
   (10) Posso abrir o cofre?
   (11) Vocês viram os rapazes?
   (12) Você telefonou para mim?
   (13) Eles ofereceram um jantar para nós.
   (14) Deixei um recado para ti.
   (15) Vou oferecer um lanche para eles.
   (16) João, telefono para você amanhã.
   (17) O vendedor mostrou as novas máquinas para ele.
   (18) A minha avó sempre se preocupa com *eu e pergunta por *eu.
   (19) Vocês querem viajar com *nós?
   (20) Eu sempre penso na Amanda.

   *文法的に正しい使い方ではありません。

コルコヴァドの丘から望むロドリゴ・デ・フレイタス湖と大西洋（リオ・デ・ジャネイロ市）

コルコヴァドの丘からリオ・デ・ジャネイロ市を見下ろすキリスト像

16

オウロ・プレトのチラデンテス広場

Lição 17

南部1：その美しさ
Sul I: Suas belezas

Situados na parte mais meridional do Brasil, os estados do Paraná, Santa Catarina e Rio Grande do Sul compõem a região Sul. É a única região que se encontra localizada fora da zona tropical, apresentando um clima mais ameno. O relevo planáltico e o clima subtropical contribuem para a formação de uma paisagem singular, bem característica do sul brasileiro, com a vastidão dos pampas gaúchos.

Mesmo ocupando a menor área geográfica dentre as cinco regiões, a região Sul é a segunda mais desenvolvida, representando cerca de 20% do PIB do Brasil. Além da indústria, a agricultura (arroz, trigo, batata, frutas entre outros), a pecuária (gado bovino e suíno) e a vitivinicultura são os principais responsáveis pela produção da riqueza da região.

語句

meridional	南の，南方の
fora de	…の外に
ameno	穏やかな，快適な
característica	característico 特徴的な，特有の
planáltico	高原の
subtropical	亜熱帯の
singular	まれに見る，独特な
vastidão	［女］広がり，広大さ
pampas	［男］パンパ，（南米の）大草原
gaúchos	［男］［形］gaúcho リオ・グランデ・ド・スル州の（人），ガウショ（の）
mesmo	…であっても，…でさえ
suíno	豚の
vitivinicultura	［女］ブドウ栽培とワイン製造

Exercícios sobre o texto

1. Veja no mapa da América do Sul. Quais são os países que fazem fronteira com a região Sul. Qual país você gostaria de visitar? Por quê?

2. Pesquise na internet sobre a Oktoberfest em Blumenau (SC). Depois escreva uma história curta como se você estivesse participando da festa.

■ 再帰代名詞

　再帰代名詞とは，主語と同じ人・物であることを示す目的語の代名詞です。この再帰代名詞を伴う動詞は，通常，再帰動詞または代名動詞と呼ばれます。
　ポルトガル語の再帰代名詞には次のような用法があります。
(1) 本来の再帰の用法
(2) その他の用法
　　①受け身の用法
　　②主語不特定の用法
　　③相互の用法
　　④強意・任意の用法

　再帰代名詞の体系は次の通りです。

主語	弱形代名詞 前置詞なし		強形代名詞 前置詞あり	
			com 以外の前置詞の後	com の後
eu	me	私自身を（に）	mim	comigo
tu	te	あなた自身を（に）	ti	contigo
você ele/ela	se	彼・彼女・あなた・それ自身を（に）	si	consigo
nós	nos	私達自身を（に）	nós	conosco
vós	vos	あなた達自身を（に）	vós	convosco
vocês eles/elas	se	彼達・彼女達・あなた達・それら自身を（に）	si	consigo

＊弱形代名詞は，アクセントを有する前後の語（通常，動詞）に付随して発音されます。動詞の後に置かれる場合は，Levanto-me のようにハイフンで結ばれます。
＊2人称複数形の vos, vós, convosco は，現代のブラジル・ポルトガル語では，きわめて特殊な場合を除き，使用されません。
＊ポルトガルでは，si や consigo は，Tudo depende de si.（ブラジルでは，Tudo depende de você/do senhor/da senhora.）や Vou consigo.（ブラジルでは，Vou com você/o senhor/a senhora.）のように，2人称の意味でも用いられます。

(1) 本来の再帰の用法

　この用法は，動詞の行為が主語自身に帰ってくる時に用いられます。つまり，主語と目的語が同一のものを指し，「自分自身を（に）〜する」を意味します。

　例えば，deitar は他動詞として「〜を横にする」，「〜を寝かせる」を意味しますが，deitar-se で「自分自身を横にする」すなわち「横になる」，「寝る」となり，自動詞と同じ働きをします。

　deitar-se の活用は次の通りです。前置では代名詞が動詞の前に置かれますが，後置では代名詞が動詞の後に置かれるとともに動詞と代名詞の間にハイフンが挿入されます。

	前　置	後　置
1人称単数形	Eu me deito	Eu deito-me
2人称単数形	Tu te deitas	Tu deitas-te
3人称単数形	Ele/Ela/Você se deita	Ele/Ela/Você deita-se
1人称複数形	Nós nos deitamos	Nós deitamo-nos
2人称複数形	Vós vos deitais	Vós deitais-vos
3人称複数形	Eles/Elas/Vocês se deitam	Eles/Elas/Vocês deitam-se

＊1人称複数では，代名詞が動詞の後に置かれる場合，動詞の語尾から-s が脱落し deitamo-nos となります。

その他の例を見てみましょう。
　Todas as manhãs eu levanto os meus filhos.
　Eu sempre me levanto às seis horas.

　A avó sentou a menina no colo.
　A avó se sentou na poltrona.

arrepender-se de, queixar-se de, atrever-se a, suicidar-se など，動詞によっては，再帰代名詞を伴ってしか用いられないものがあります。
　Um detento suicidou-se esta madrugada na sua cela.
　Ela sempre se queixa de alguma coisa.

(2) その他の用法

①受け身の用法

ポルトガル語には2種類の受動態が存在します。1つはser＋過去分詞（＋por＋動作主）で表現される受動態で，もう1つは代名詞 se を用いて表される受動態です。ここでは，後者の受動態について見ていきます。

ser＋過去分詞の受動態と異なり，代名詞 se を用いた受動態では動作主を明示することができません。それゆえ，後者を受動態とみなさない考え方もありますが，本書では規範文法書や語学書に従い，受動態として扱います。

受動態を表す代名詞は，通常，次の条件下で用いられます。

i) 動詞は（直接）他動詞

＊他動詞を直接他動詞と間接他動詞に分類することがあります。その場合，前者は，ver や conhecer のように前置詞を介さず目的語をとる動詞で，後者は precisar de や obedecer a のように前置詞を介して目的語をとる動詞を指します。

ii) 動詞は3人称単数形か3人称複数形

iii) 動作主を明示しない

次の文を見てみましょう。

Fala-se português no Brasil.

Falam-se português e tétum em Timor-Leste.

いずれの文でも他動詞 falar が用いられ，動詞は3人称単数形または3人称複数形になっています。能動態では falar の直接目的語となる português や português e tétum が，受動態の主語になっているため，最初の文では動詞は3人称単数形に変化しているのに対して，後の文では，3人称複数形になっています。語順については，代名詞 se を用いた受動態では，主語は動詞の後に置かれる傾向があります。

次のように，どのような時制であっても同じことがいえます。

Sempre se pagam taxas sobre os produtos comprados.

Não se usava trema em Portugal desde 1945.

Dali em diante, criou-se o mito Pelé.（L.26）

②主語不特定の用法

3人称の再帰代名詞 se が用いられるのは，受動態ばかりではありません。

次の文に見られるように，自動詞（および間接他動詞）と用いられる場合は，主語が不特定であることを表します。

 Trabalha-se bem nesta fábrica.
 Precisa-se de intérpretes com urgência.
 Aqui fala-se muito de assuntos políticos.

しかしながら，（直接）他動詞とともに se が用いられる場合でも，主語不特定を表す代名詞 se ではないかと思われる場合があります。実際，ブラジルの街角では，次のような看板を目にします。

 Vende-se móveis usados.
 Aluga-se chácaras.

この場合，文中の se を主語不特定の代名詞と捉えると，上記の文の意味は，「誰かが中古家具を売る」「誰かが別荘を貸し出す」となります。ただし，書き言葉を中心に，一般的には，（直接）他動詞とともに se が用いられる場合には，次のように受動態と捉える傾向にあります。

 Vendem-se móveis usados.
 Alugam-se chácaras.

③相互の用法

主語が複数の時に，再帰代名詞は「お互いに〜する」という意味で用いられることがあります。相互の意味を明示または強調するために，um ao outro（または uns aos outros, uma à outra, umas às outras）や，mutuamente, reciprocamente といった「お互いに」を意味する表現と用いられることがあります。

 Nós nos cumprimentamos com beijos e abraços.
 Elas se apoiavam uma à outra.
 Quando se encontraram na rua, não se reconheceram de imediato.

④強意・任意の用法

意味を強めるためや動作が任意に行われることを表すために，まれに自動詞に再帰代名詞を付加することがあります。

Ela foi-se embora.

(3) 前置詞＋再帰代名詞

前掲の表のように，前置詞を伴って再帰代名詞が用いられる場合，前置詞がcomかそれ以外かで形が異なります。consigoとsiは再帰専用の代名詞ですが，それ以外の代名詞は必ずしも再帰を意味する訳ではありません。そのため，再帰であることを明示するために，「〜自身」を意味するmesmo(s), mesma(s)とともに用いられる傾向があります。

Eu falo de mim (mesmo/mesma).

Você fala de si (mesmo/mesma).

Ele fala de si (mesmo).

Ela fala de si (mesma).

Nós só pensamos em nós (mesmos/mesmas).

Você e o Rafael precisam ser honestos consigo (mesmos).

Elas precisam ser honestas consigo (mesmas).

文法練習問題

1. 括弧内の動詞を指定された時制で活用させましょう。

    (1) Todas as manhãs eu (vestir-se) no banheiro.（直説法現在）
    (2) O rapaz (chamar-se) Gabriel.（直説法現在）
    (3) Você raramente (olhar-se) no espelho.（直説法現在）
    (4) Se eu não (enganar-se), ele já não trabalha lá.（直説法現在）
    (5) As lágrimas (secar-se) completamente.（直説法完了過去）
    (6) Hoje eu mesmo (servir-se).（直説法現在）
    (7) Os vizinhos (cumprimentar-se) e (despedir-se) na rua.
        （直説法半過去）
    (8) Todos eles (divertir-se) na festa de ontem.（直説法完了過去）

2. 代名詞を用いた受動態に書き換えましょう。

    (1) Um apartamento é vendido por 200 milhões de reais.
    (2) Estas salas são alugadas para festas.
    (3) Os clientes são atendidos das 8h às 18h.
    (4) As informações são dadas no presente documento.
    (5) Um anel de platina foi perdido ontem na rua.
    (6) Algumas mensagens foram enviadas via redes sociais.
    (7) Do alto do morro toda a paisagem era vista.
    (8) O questionário era entregue para coleta de dados.

コラム12 世界遺産・南部

南部には文化遺産と自然遺産が1件ずつあります。

Patrimônio Cultural（文化遺産）

1983 — As Missões Jesuíticas Guaranis: Ruínas de São Miguel das Missões, Rio Grande do Sul e Argentina
グアラニーのイエズス会伝道施設群：サン・ミゲル・ダス・ミソンエス遺跡群（リオ・グランデ・ド・スル州とアルゼンチン）

＊この文化遺産は，ブラジル南部とアルゼンチンにまたがっていますが，ここではアルゼンチンにある伝道施設群の名称は省略します。

Patrimônio Natural（自然遺産）

1986 — Parque Nacional de Iguaçu, Paraná e Argentina
イグアス国立公園（パラナ州とアルゼンチン）

壮大なイグアスの滝

ドイツ風の街並みで知られるブルメナウ市（SC）

17

パラナ州の州都クリチバ市にある植物園

Lição 18 — 南部２：ヨーロッパ移民
Sul II: Imigração europeia

A maioria da população da região Sul, principalmente dos estados do Rio Grande do Sul e Santa Catarina é formada por descendentes de imigrantes europeus que a partir do século XIX vieram se estabelecer nessa região, quase desabitada até então. Grande parte desses imigrantes era oriunda de países como Portugal, Itália, Alemanha, Rússia e Polônia. No norte do estado do Paraná em cidades como Londrina, Maringá e Curitiba estão presentes os imigrantes japoneses e seus descendentes desde meados do século XX.

Em muitas cidades no Sul preservam-se traços culturais e arquitetônicos da época da imigração, legado deixado pelos pioneiros europeus de várias origens. As celebrações como a festa de origem alemã, Oktoberfest em Blumenau (SC) e a tradicional festa de Nossa Senhora dos Navegantes em Porto Alegre (RS) de origem portuguesa nos fazem vivenciar a diversidade étnica da região.

語句

descendentes	［男・女］descendente 子孫
estabelecer-se	居を構える，定着する
desabitada	desabitado 人の住んでいない
então	当時，その時
oriunda	oriundo 生まれの
traços	［男］traço（足）跡，痕跡，名残
arquitetônicos	arquitetônico 建築上の，建築術の
deixado	deixar 残す
pioneiros	［男］pioneiro パイオニア，先駆者
celebrações	［女］celebração 祝賀（会），祝典，
Oktoberfest	オクトーバーフェスト〈ドイツのミュンヘンで催される同名の祭りをまねた行事〉
SC	サンタ・カタリナ州の略称
Nossa Senhora dos Navegantes	ノッサ・セニョーラ・ドス・ナヴェガンテス〈船乗りの守護聖母を祝う祭り〉
RS	リオ・グランデ・ド・スル州の略称

Exercícios sobre o texto

1. Quais são as origens dos imigrantes que ajudaram a formar a população da região Sul?

2. Quando os primeiros imigrantes japoneses chegaram ao estado do Paraná?

3. No Japão há muitos imigrantes? Qual origem? O que eles fazem?

受動態

　ポルトガル語の受動態は，ser＋過去分詞（＋por＋動作主）で構成されるものと代名詞 se を用いて表現するものがあることはすでに見た通りです。この課では，前者の ser＋過去分詞の受動態について見ていきます。

　この受動態は，基本的には，ser＋過去分詞で構成され，動作主を明示する場合には por＋動作主を付加します。

　過去分詞の形態は，すでに第14課で述べた通りです。受動態を用いる際に注意しなければならないのは，いかなる時制でも必ず過去分詞を主語の性数に一致させることです。

　　O carro é vendido.　　　Os carros são vendidos.
　　A casa foi derrubada.　　As casas foram derrubadas.

すでに見たように，動詞によっては不規則な過去分詞を持つものがあります。
　　Este prato foi feito pela minha mãe.
　　As obras são escritas por autores brasileiros.

2つの過去分詞を持つ動詞の場合は，不規則形を用います。これが複合時制の場合と異なる点です。
　　As cartas foram entregues por ele.
　　Traficantes são presos pela polícia.

本文中では，次のような文で ser＋過去分詞（＋por＋動作主）の受動態が使用されています。
　　A região Sudeste é composta por quatro estados.（L.14）
　　A maioria da população da região Sul é formada por descendentes de imigrantes europeus.（L.18）
　　Em 1981（Pelé）foi eleito o "Atleta do Século" pelo jornal francês *L'Equipe* e "Melhor Jogador do Século" pela FIFA em 2000.（L.26）

助動詞が用いられる場合にも過去分詞を主語の性数に一致させることを忘れないでください。
　　A cortesia e sobriedade podem ser consideradas características intrínsecas aos japoneses.

発 展 — 話し言葉における能動態の使用

本文中にも多く見られるように，ser + 過去分詞の受動態は改まった書き言葉では高い頻度で用いられる傾向がありますが，普段の話し言葉では能動態の表現が好まれます。

O carro foi confiscado pela polícia.

A polícia confiscou o carro.

また，受動態で por + 動作主が明示されない場合に限り，能動態では，動作主が不特定であることを表すために，動詞を3人称複数形にすることがあります。

A minha carteira foi roubada.

Me roubaram a carteira. / Roubaram-me a carteira. または

Roubaram a minha carteira.

O banco foi assaltado.

Assaltaram o banco.

日本語で「～といわれる」や「～と呼ばれる」という場合，ポルトガル語では通常，受動態ではなく能動態で表します。

Dizem que sou sortudo.

Me chamam de tia. / Chamam-me de tia.

＊chamar ～ de... で，「～を ... と呼ぶ」を意味しますが，上記の例は，「私は tia（おばさん）と呼ばれる」となります。

18

文法練習問題

1. 次の文を ser + 過去分詞の受動態に書き換えましょう。

    (1) O aluno vê este filme.
    (2) O aluno via este filme.
    (3) O aluno viu esta novela.
    (4) O aluno verá esta novela.
    (5) O aluno veria esta novela.
    (6) O aluno está vendo estes jogos.
    (7) O aluno estava vendo estes jogos.
    (8) O aluno tem visto estas peças.
    (9) O aluno tinha visto estas peças.
    (10) Quero que os alunos vejam este documentário.
    (11) Eu queria que os alunos vissem esta peça.
    (12) A situação será melhor se os alunos virem este filme.

2. 次の文を ser + 過去分詞の受動態に書き換えましょう。

    (1) Não podemos comprar esta casa.
    (2) Eu devo pagar as contas hoje.
    (3) O réu precisa dizer a verdade.
    (4) Vocês têm que resolver o problema.
    (5) Os nossos alunos vão fazer as atividades em sala de aula.
    (6) Ele tem comprado os bilhetes de loteria.
    (7) O Bruno está abrindo as janelas.
    (8) As crianças já tinham terminado as tarefas.

コラム13 動物の鳴き声を表す動詞

ポルトガル語で動物が鳴くことを表すとき，その鳴き方や鳴き声によって異なる動詞を用います。

例：Os gatos miam, os cachorros latem, os patos grasnam, as vacas mugem, os cavalos relincham e as pessoas falam.

身近にいる動物については，鳴き方や鳴き声に応じて多数の動詞が存在します。例えば犬がほえることを表現する動詞には，使用頻度が高いladrarやlatirのほかに，aulir, esganiçar, ganir, ganizar, rosnar, uivarなどがあります。

次の一覧表を見てみると，多くの動詞が，動物の鳴き声から作られていることが理解できるのではないでしょうか。

1	balir（羊）	8	mugir（牛）
2	cacarejar（雌鶏）	9	piar（小鳥）
3	coaxar（カエル）	10	relinchar（馬）
4	grasnar（アヒル）	11	rugir（野獣）
5	grunhir（豚，猪）	12	uivar（犬，狼）
6	latir, ladrar（犬）	13	zurrar（驢馬）
7	miar（猫）	14	zumbir（虫）

Lição 19 — 南部３：ガウショ

Sul III: O gaúcho

Talvez a mais representativa figura regional seja a do gaúcho. Originários da miscigenação entre portugueses, espanhóis e indígenas, estes vaqueiros, que usavam bombacha, bota e chapéu, habitavam a região dos pampas ainda no período colonial. Tradição e orgulho de suas origens fazem do gaúcho um elemento de relevância no cenário não só regional, mas nacional.

Uma outra "figura" típica da região é o chimarrão, também conhecido como mate. É uma bebida tradicional do sul do Brasil. O hábito de tomar chimarrão, herdado de povos indígenas, também pode ser encontrado em outros países do hemisfério sul da América como Argentina e Uruguai. Bebida de gosto pronunciado e amargo, o mate possui todo um ritual para ser preparado e degustado de forma correta. Para isso, são necessários, além da erva-mate, cuia e bomba – aparatos presentes em boa parte dos lares no sul do Brasil. Seja no inverno ou no verão, o costume de sorver calmamente esta bebida quente faz parte do cotidiano sulista brasileiro.

語句

representativa	representativo 代表的な
miscigenação	［女］異種族混交
vaqueiros	［男］vaqueiro 牛飼い，牧童
bombacha	［女］ボンバシャ〈ガウショが用いる全体的に太く，足首で括られたズボン〉
relevância	［女］重要性，際立つこと・もの
herdado	herdar 受け継ぐ
pronunciado	際立った，特徴のある
preparado	preparar 準備する
degustado	degustar 味をみる，味わう
correta	correto 正しい
erva-mate	［女］マテ茶
cuia	［女］クイア〈ひょうたんで作ったマテ茶用の器〉
bomba	［女］ボンバ〈マテ茶用のこし器付きストロー〉
aparatos	［男］aparato 器具
lares	［男］lar 家庭，家
fazer parte de	…の一部をなす
sulista	南部の

Exercícios sobre o texto

1. A partir da leitura do texto e usando suas próprias palavras, defina a figura do gaúcho.

2. Você gosta de tomar chá? Qual ou quais? Você já experimentou chimarrão?

3. Compare a região Sul com a Sudeste (clima, economia, população, tamanho etc.).

接続法現在形 1 ― 名詞節・形容詞節

　これまでは直説法の時制を中心に見てきましたが，この課からは新たに接続法の時制について学んでいきます。

　すでに第5課で述べたように，直説法は，ある事柄を事実として客観的に述べる法であるのに対して，接続法は，希望，疑問，仮定などの考えを主観的に述べる法です。しかしながら，どのような場合にいずれの法が用いられるかは，形式的に決まることがほとんどです。

　接続法は，主節（独立文）に現れるのはまれで，主に従属節で用いられます。この課では，まず接続法現在形の活用と名詞節・形容詞節における用法を見ていきます。

主節・従属節	節の種類
従属節	名詞節
	形容詞節
	副詞節
主節（独立文）	命令文，祈願文，talvez + 動詞

(1) 接続法現在形の活用

　接続法現在形の活用は，直説法現在1人称単数形の語尾-oを取り，次の語尾を付加して作ります。第2活用動詞と第3活用動詞の活用語尾は同じです。

第1活用動詞（-ar）	-e	-es	-e	-emos	-eis	-em
第2活用動詞（-er）	-a	-as	-a	-amos	-ais	-am
第3活用動詞（-ir）						

　実際に活用させてみましょう。

	第1活用動詞 FALAR fal<u>o</u>	第2活用動詞 ENTENDER entend<u>o</u>	第3活用動詞 PARTIR part<u>o</u>
1人称単数形	fal<u>e</u>	entend<u>a</u>	part<u>a</u>
2人称単数形	fal<u>es</u>	entend<u>as</u>	part<u>as</u>
3人称単数形	fal<u>e</u>	entend<u>a</u>	part<u>a</u>
1人称複数形	fal<u>emos</u>	entend<u>amos</u>	part<u>amos</u>
2人称複数形	fal<u>eis</u>	entend<u>ais</u>	part<u>ais</u>
3人称複数形	fal<u>em</u>	entend<u>am</u>	part<u>am</u>

＊語末が-cer,-ger/-gir,-guer/-guir，および-car,-çar,-gar の動詞の綴りに注意してください。

　直説法現在形が変則的に変化した動詞でも，ほとんどが上記のパターンに当てはまりますが，次の7つの動詞は，不規則に変化をするため個別に覚える必要があります。

	SER	ESTAR	HAVER	IR
1人称単数形	seja	esteja	haja	vá
2人称単数形	sejas	estejas	hajas	vás
3人称単数形	seja	esteja	haja	vá
1人称複数形	sejamos	estejamos	hajamos	vamos
2人称複数形	sejais	estejais	hajais	vades
3人称複数形	sejam	estejam	hajam	vão

	DAR	QUERER	SABER
1人称単数形	dê	queira	saiba
2人称単数形	dês	queiras	saibas
3人称単数形	dê	queira	saiba
1人称複数形	demos	queiramos	saibamos
2人称複数形	deis	queirais	saibais
3人称複数形	deem	queiram	saibam

(2) 接続法現在形の用法：名詞節

　名詞節は，次に見る非人称構文と主語を持つ構文に分けられます。通常，主節の動詞が直説法現在形，直説法未来形，および命令を表す接続法現在形で活用する場合に従属節の動詞は接続法現在形になります。

非人称構文
　　次の2つの構文では従属節に接続法が用いられます。
　①動詞 ser の3人称単数形＋次のような形容詞・名詞＋ que ～
　　É preciso que vocês construam uma relação de confiança um ao outro.
　　É melhor que o senhor consulte o médico regularmente.
　　É uma pena que eles não possam ficar mais tempo.
　　É importante que leiamos e nos informemos bastante sobre o assunto e compreendamos os pontos positivos e negativos deste sistema. (L.30)

　　上記の形容詞や名詞の他にも，fácil, difícil, necessário, provável, possível, conveniente, recomendável, aconselhável, preferível, suficiente, duvidoso, incerto などの形容詞が用いられると，従属節の動詞は接続法になります。
　　claro, evidente, óbvio などの確実性を示す形容詞の場合には，通常，直説法の時制が用いられますが，次の例のように，否定文になると不確実性が増すため接続法が用いられます。なお，注意すべき形容詞として duvidoso があります。この場合は，肯定文では接続法が用いられますが，否定文では直説法になります。
　　É evidente que elas vêm hoje. (確実→直説法)
　　Não é evidente que elas venham hoje. (不確実→接続法)

　　Não é duvidoso que elas vêm hoje. (確実→直説法)
　　É duvidoso que elas venham hoje. (不確実→接続法)

　　理由を表す次のような構文でも同じです。
　　É que ele não gosta dela.
　　Não é que ele não goste dela.

162

② convir, bastar などの動詞の 3 人称単数形＋ que ～

Convém que eles deem uma olhada no documento anexo.
Para autenticar a cópia de um documento, basta que você se dirija ao cartório.

主語を持つ構文（主語＋動詞＋ que ～）

希望，要求，命令，許可，禁止，疑問などを表す動詞が主節に用いられると従属節の動詞は接続法になります。

Queremos que vocês façam as pazes.
A mãe espera que os seus filhos lavem a louça e arrumem o quarto.
Sinto muito que elas não possam me acompanhar.

上記の動詞の他にも，desejar, preferir, pedir, lamentar, exigir, proibir, permitir, deixar, mandar, duvidar などの動詞が用いられると，従属節の動詞は接続法になります。
同様の意味を持つ動詞句が用いられる場合にも従属節の動詞は接続法になります。

Você tem medo de que aconteça alguma coisa?
＊ter medo の他に ter pena, ter dúvidas などがあります。

また，肯定文では通常，直説法が用いられる動詞でも，否定文になると接続法が要求されるものがあります。

Acho que os políticos são mentirosos.
Não acho que os políticos sejam mentirosos.
＊achar の他に crer, julgar, pensar などがあります。

逆に duvidar の場合，肯定文では従属節に接続法が用いられますが，否定文では不確実性が否定されるため直説法になります。

Duvido que o Paulo seja mentiroso.
Não duvido que o Paulo é mentiroso.

(3) 接続法現在形の用法：形容詞節

関係詞節において，先行詞が不特定な要素である場合に接続法が用いられます。名詞節と同様に，主節の動詞が直説法現在形，直説法未来形，および命令を表す

接続法現在形で活用する場合に従属節の動詞に接続法現在形が用いられます。
　次の文を比べてみましょう。接続法が使われた最初の文では，駅の近くに位置する家が実際に存在するかどうかは確実ではありませんが，仮にそのような家があれば購入したいという内容です。一方，2つ目の文では，駅の近くに位置する家が実際に存在し，その特定の家を購入したいという意味になります。

　　Queremos comprar uma casa que fique perto da estação.
　　Queremos comprar a casa que fica perto da estação.

　しかし，必ずしも先行詞に付く定冠詞や不定冠詞によって法が見分けられるというわけではありません。例えば，次の文では，ポルトガル語を上手く話せる若者は実際にいますが，初めて話題にあがるため，つまり聞き手にとっては未知の情報であるために不定冠詞が使われています。

　　Vou contratar um jovem que fala fluentemente português.

文法練習問題

1. 次の動詞の接続法現在1人称単数形を答えましょう。

   (1) ter
   (2) conseguir
   (3) fazer
   (4) ver
   (5) pedir
   (6) dizer
   (7) sugerir
   (8) perder
   (9) ouvir
   (10) sair
   (11) dormir
   (12) odiar
   (13) mentir
   (14) vir
   (15) vestir
   (16) pôr
   (17) crer
   (18) trazer
   (19) sentir
   (20) preferir
   (21) servir
   (22) descobrir
   (23) poder
   (24) dirigir

2. 次の動詞を接続法現在形に活用させましょう。

	ficar	chegar	começar	esquecer
1人称単数形				
2人称単数形				
3人称単数形				
1人称複数形				
2人称複数形				
3人称複数形				

3. 次の動詞を接続法か直説法の現在形に活用させましょう。

   (1) Lamento que você não (poder) vir conosco hoje à tarde.
   (2) É recomendável que diabéticos (consumir) menos açúcar.
   (3) Você conhece alguém que (saber) cozinhar melhor que ele?
   (4) Tenho certeza que ele (conseguir) passar na prova final.
   (5) O professor manda que os alunos (comunicar-se) só em português.
   (6) Quero que eles me (oferecer) aquele vestido prateado de presente.
   (7) É óbvio que todos nós (ter) direito à liberdade de expressão.
   (8) Queremos contratar aquela moça que (falar) português fluentemente.
   (9) Não penso que todos os vendedores sempre nos (dar) informações

corretas.
(10) Convém que vocês (ler) o que (estar) escrito aqui.
(11) Duvido que ela ainda (lembrar-se) de mim.
(12) O João está com vontade de comer qualquer coisa que (encher) o seu estômago.
(13) Prefiro que você me (dizer) toda a verdade.
(14) É incerto que os nossos amigos (aparecer) na festa.
(15) Aconselhamos que o senhor (mudar) a sua senha constantemente.
(16) Não conheço ninguém que (dominar) português tão bem como ele.

マテ茶を入れボンバをさし込んだクイア

Lição 20 ブラジル人とは
Os brasileiros

O povo brasileiro é o resultado da miscigenação, ou seja, da mistura entre grupos étnicos ao longo de mais de 500 anos da história brasileira. Inicialmente, a mestiçagem ocorreu entre os colonizadores portugueses e os índios sob o regime da escravidão. Logo depois, estes foram substituídos pelos negros de várias etnias africanas, levados à força da sua terra para o Brasil Colônia. Eles foram usados, principalmente, como mão de obra na lavoura de cana-de-açúcar nordestina e na mineração na região central do Brasil. A partir da metade do século XIX, vieram para trabalhar nas fazendas de café no interior do estado de São Paulo imigrantes de várias partes da Europa, como Portugal, Itália, Espanha e Alemanha. No ano de 1908 chegaram os primeiros imigrantes japoneses. Nos últimos 20 anos o número de imigrantes da China e da Coreia do Sul vem aumentando bastante.

Quem é o brasileiro, afinal? Um povo alegre, afetivo, hospitaleiro, que gosta de samba e futebol? Nem todo brasileiro se enquadra nessas categorias. Definir um povo é uma questão complexa que vai além de conceitos e definições e corremos muitas vezes o risco de generalizações carregadas de estereótipos.

語句

ou seja	つまり，言い換えれば
ao longo de	…にわたる
mestiçagem	［女］異種族混交
escravidão	［女］奴隷制
substituídos	substituir 取り換える
levados	levar 連れて行く，運ぶ
à força	力づくで，強制的に
mão de obra	労働力
mineração	［女］採鉱，鉱業
enquadra	enquadrar-se（＋em）…に合致する
definições	［女］definição 定義，定義づけ
risco	［男］線（を描くこと），危険：correr o risco 危険を冒す
generalizações	［女］generalização 一般化，概括
carregadas	carregado（＋de）…で一杯の
estereótipos	［男］estereótipo ステレオタイプ，固定概念

Exercícios sobre o texto

1. Como você definiria os brasileiros? Por quê?

2. O que significa ser um povo mestiço?

3. Para discutir com os colegas, faça uma lista com no mínimo 5 países que tiveram a formação populacional semelhante à brasileira.

接続詞・副詞・縮小辞・増大辞

20.1　接続詞

(1) 等位接続詞

①連結：語，句，節をつなぎ合わせる接続詞です。e, nem（= e não）, também, não só...mas (também) 〜, bem como 〜 などがあります。
Os estados do Paraná, Santa Catarina e Rio Grande do Sul compõem a região Sul. (L.17)
A palavra "festa" assume um sentido importante não só em datas especiais, mas no dia-a-dia. (L.22)

②反意：前に述べた意味と反対の意味を表します。mas, porém, contudo, no entanto, todavia, entretanto, não obstante などがあります。
＊連結接続詞の e は，Ela só fala, e não faz nada. のように，文脈によっては「反意」にもなり得ます。

O aluno passou na prova teórica, mas foi reprovado na prática.
A origem da capoeira ainda gera controvérsias. Porém, a musicalidade da capoeira é o seu elemento único. (L.10)

③選択：2つ以上のものの中から1つを選択させる接続詞です。ou, ou...ou 〜, ora...ora 〜, já...já 〜, quer...quer 〜, seja...seja 〜 などがあります。
Dança ou luta? (L.10)
Esse fenômeno ocorre quer no Brasil quer em Portugal.

④結論：「したがって」，「それゆえ」を意味します。logo, pois, por isso, portanto, assim, então, por conseguinte などがあります。
Moldada pelas heranças europeia, africana e nativa, pode se dizer, portanto, que não há "uma cultura brasileira". (L.21)
Ela escreveu uma excelente obra; deverá, pois, ser premiada.
＊pois が節中で用いられる場合に「結論」の意味になります。

⑤説明:説明や理由を補足する働きをします。porque, que, pois, porquanto などがあります。

Vamos depressa, que hoje não posso chegar atrasado.
Ele é o melhor candidato, pois apresenta boas experiências no CV.
＊pois が節の始めに用いられる場合に「理由」の意味になります。

(2) 従位接続詞

名詞節を導く接続詞:que, se

Dizem que o Brasil é o país do futebol.（L.25）
Não sei se vale a pena investir tanto dinheiro agora.

副詞節を導く接続詞

①原因・理由:porque, como, que, pois, já que, visto que, uma vez que, porquanto などがあります。

Como os normativistas condenam o uso do particípio irregular "pego", procure evitá-lo.

Já que estamos no centro da cidade, vamos aproveitor para visitar alguns pontos turísticos.

②譲歩:embora, mesmo que, ainda que, apesar de que, se bem que, nem que, por mais/menos que などがあります。（→第22課:接続法現在形2 ― 副詞節）

Mesmo que ocupe a menor área geográfica dentre as cinco regiões, a região Sul é a segunda mais desenvolvida.（L.17）

③条件:se, caso, desde que, a não ser que, a menos que, sem que などがあります。（→第22課:接続法現在形2 ― 副詞節），（→第24課:接続法未来形）

Caso você cumpra as regras, não haverá problemas.
Não tome remédio sem que o médico receite.

④様態:como, conforme, segundo, consoante などがあります。
Segui todos os procedimentos como me orientaram.

Cada um colhe conforme semeia.

⑤目的：para que, a fim de que などがあります。（→第 22 課：接続法現在形 2 ― 副詞節）

Crianças doentes devem descansar em casa para que não contagiem os seus colegas de turma.
Brasília foi construída em meados do século XX a fim de que ocorresse o desenvolvimento do interior brasileiro. (L.12)

⑥時：antes que, até que, desde que, quando, depois que, logo que, assim que, sempre que, cada vez que, mal, ao passo que などがあります。（→第 22 課：接続法現在形 2 ― 副詞節），（→第 24 課：接続法未来形）

Quando vou para a academia, faço uma hora de musculação.
Mal cheguei em casa, liguei a televisão para saber o resultado do jogo.

⑦比較：assim como, bem como などがあります。
Ele sabe falar fluentemente inglês assim como espanhol.

⑧結果：tão...que 〜, tanto que 〜, de modo/maneira/forma que 〜 などがあります。
A tecnologia avança tão depressa que se torna difícil de acompanhar.
A moça comeu tanto que ficou enjoada.

20.2　副詞

　ポルトガル語の副詞は，形式上，接尾辞が付加されないもともとの副詞に加えて，形容詞から派生するものがあります。

(1) 本来の副詞

Eu costumo acordar cedo mas ontem acordei tarde.
Eles cozinham mal mas comem bem.

(2) 形容詞からの派生

①形容詞と同形

Fale mais baixo!
Como o garoto digita rápido!
Este autor escreve difícil.

②形容詞の女性形＋-mente

　本文中の principalmente や inicialmente では，形容詞の女性形に -mente が付加されたことが明確ではありませんが，他の課に出てくる次のような副詞ではそれが明確です。

aproximada ＋-mente → aproximadamente
respectiva ＋-mente → respectivamente
prática ＋-mente → praticamente

　-mente 形の副詞は，特殊な意味でなければ辞書に掲載されていないことが多いのですが，形容詞の語形がわかれば，その語の意味から副詞の意味を引き出すことができます。
　-mente 形の副詞によっては，次のような副詞句で表すこともできます。

imediatamente ＝ de imediato
geralmente ＝ em geral
certamente ＝ com certeza, de certeza

　2つ以上の -mente 形の副詞が並列される場合には，-mente は最後の副詞にしか付与されず，それ以外の副詞は，-mente が省略された形になります。
Esta região é menos desenvolvida econômica e urbanisticamente.

20.3 縮小辞・増大辞

主に名詞，形容詞，副詞に付与される接尾辞で，その語に「大きい」・「小さい」，親愛の情，強調，軽蔑などの意を加えます。

(1) 縮小辞

ポルトガル語の縮小辞には，次のように様々な形がありますが，とりわけブラジルで頻繁に用いられる縮小辞は，-inho と -zinho です。

- -inho   : jeitinho, coitadinho/nha, rapidinho, pertinho, direitinho
- -zinho   : homenzinho, cafezinho, florzinha, mãezinha
- -(z)ito : mosquito, cabrito, senhorita
- -ote, -ota : filhote/ta, velhote/ta, caixote

上の例のように，語末に強勢がなく，母音（鼻母音，二重母音や母音接続を除く）で終わる語には -inho が付与され，それ以外の場合には -zinho が付与される傾向があります。しかしこれはあくまでも傾向であり，cidadezinha のように語末に強勢がなく母音で終わっていても -zinho が付与されることもあれば，devagarinho/devagarzinho のように，いずれの形も使用されることもあります。

-inho を付与する際に気を付けなければならないのが次の2点です。

①-inho の文法上の性

次の例に見られるように，-inho の語末の母音は文法上の性を表しているわけではありません。

o problema → o probleminha（誤：o probleminho）
o meu colega → o meu coleguinha（誤：o meu coleguinho）
uma foto → uma fotinho（誤：uma fotinha）

②-zinho の複数形

次の例に見られるように，-zinho の複数形は，必ず元の語の複数形から -s を取り除いた上で -zinhos が付与されます。

pãe(s) + -zinhos → pãezinhos（誤：pãozinhos）
hotéi(s) + -zinhos → hoteizinhos（誤：hotelzinhos）
flore(s) + -zinhas → florezinhas（誤：florzinhas）

*『若草物語』をポルトガル語で *Mulherzinhas* と表現したりするなど，語によっては名詞の単数形＋-zinhos の形式をとることもあります。

(2) 増大辞

　ポルトガル語の増大辞にも様々な形がありますが，頻繁に用いられる増大辞は -(z)ão, -(z)ona です。①のように，通常，名詞には-(z)ão が付与され男性形になりますが，②のように一部の名詞や形容詞の女性形には-(z)ona も用いられます。

　①o carro → o carrão, o papel → o papelão, a porta → o portão, a sala → o salão
　②o pai → o paizão, a mãe → a mãezona
　　o filho → o filhão, a filha → a filhona
　　o amigo → o amigão, a amiga → a amigona
　　bonito → bonitão, bonita → bonitona

文法練習問題

1. 次の選択肢から適切な接続詞を選びましょう。

   > mas, porque, quando, embora, desde que, para que

   (1) (　　　) se fala em turismo da região Sudeste, não há dúvida de que a cidade do Rio de Janeiro é o destino mais procurado por turistas.
   (2) As flores murcharam (　　　) não as regaram suficiente.
   (3) O candidato será admitido (　　　) passe por todas essas etapas.
   (4) Mantenha um diálogo com o condutor (　　　) ele não adormeça na direção.
   (5) Tradição e orgulho de suas origens fazem do gaúcho um elemento de relevância no cenário não só regional, (　　　) também nacional.

2. 次の副詞句を-mente形の副詞に置き換えましょう。

   (1) com facilidade → _____
   (2) em breve → _____
   (3) com cuidado → _____
   (4) à mão → _____
   (5) com rapidez → _____
   (6) por semana → _____
   (7) com pressa, às pressas → _____
   (8) de novo → _____

3. 適切な縮小辞を付加してみましょう。

   (1) pouco　　(4) jardim　　(7) moto
   (2) igual　　(5) papéis　　(8) branco
   (3) chapéu　 (6) boa　　　(9) frio

Lição 21 — 多彩な文化
Uma cultura diversa

Aqui iniciaremos o estudo de alguns aspectos da cultura brasileira. Dizem que não existe "um Brasil", mas "Brasis". A dimensão continental e a diversidade étnica contribuem de forma decisiva para esta afirmação. Moldada pelas heranças europeia, africana e nativa, pode se dizer, portanto, que não há "uma cultura brasileira", mas sim "culturas", que compõem um verdadeiro mosaico verificado na plasticidade da língua portuguesa falada no Brasil, na rica culinária, na musicalidade de alma negra, no folclore de raiz nativa entre outras manifestações culturais.

O processo colonizador iniciado no século XVI e as imigrações intensificadas a partir de meados do século XIX foram importantes fatores na formação dos diferentes tipos humanos e na consolidação de muitos elementos culturais existentes no país. Um exemplo disso pode ser observado na diversidade da dieta da população brasileira, onde a regionalidade influencia cada prato típico. Pratos à base de peixe e mandioca são saboreados no norte e nordeste do país enquanto o famoso churrasco nasceu no sul e se espalhou pelo resto do Brasil.

語句

continental	大陸（性）の
decisiva	decisivo 決定的な，明白な
afirmação	［女］断言，主張
moldada	moldar 形作る
heranças	［女］herança 文化遺産，伝統
verificado	verificar 実証する，確かめる
plasticidade	［女］（可）塑性，柔軟性
intensificadas	intensificar 増大する
consolidação	［女］強化，統合
existentes	existente ある，実在する
observado	observar 観察する
dieta	［女］食事，常食
regionalidade	［女］地域性，地方色
prato	［男］皿，料理
à base de	…をもとにして，主成分として
saboreados	saborear 味わう，賞味する
churrasco	［男］シュラスコ〈肉の塊を大きな鉄串に刺して炭火で焼いたもの〉

Exercícios sobre o texto

1. Explique com suas palavras a afirmação: Não existe "um Brasil", mas "Brasis."

2. O que significa a palavra "diversidade"? Forme 3 frases usando este substantivo.

3. Quais são os pratos típicos da sua terra natal? Qual é o seu favorito?

直説法未来形

ポルトガル語には未来の表現がいくつか存在しますが，その中でも頻繁に用いられるのは次の2種類です。
- 動詞に活用語尾を付加する未来形（直説法未来形）
- 動詞 ir の直説法現在形＋不定詞で表される未来形（ir ＋不定詞の未来形）

　　＊その他の未来表現としては，例えば，viajo amanhã（直説法現在形），estou viajando amanhã（現在進行形），irei viajar amanhã（ir の直説法未来形＋不定詞），vou estar viajando amanhã（ir ＋不定詞の未来進行形），estarei viajando amanhã（直説法未来形の未来進行形）が挙げられます。

(1) 直説法未来形の活用

直説法未来形の活用は，動詞の不定詞に次の活用語尾を付加して作ります。

第1活用動詞（-ar） 第2活用動詞（-er） 第3活用動詞（-ir）	-ei　-ás　-á　-emos　-eis　-ão

実際に活用させてみましょう。

	第1活用動詞 FALAR	第2活用動詞 ENTENDER	第3活用動詞 PARTIR
1人称単数形	falarei	entenderei	partirei
2人称単数形	falarás	entenderás	partirás
3人称単数形	falará	entenderá	partirá
1人称複数形	falaremos	entenderemos	partiremos
2人称複数形	falareis	entendereis	partireis
3人称複数形	falarão	entenderão	partirão

直説法未来形は，次の3つの動詞（およびこれらの動詞から派生した動詞）を除くと全て規則的に活用します。次の3つの動詞についても，語中の-ze-が取り除かれるだけで活用語尾自体は同じです。

	FAZER	DIZER	TRAZER
1人称単数形	farei	direi	trarei
2人称単数形	farás	dirás	trarás
3人称単数形	fará	dirá	trará
1人称複数形	faremos	diremos	traremos
2人称複数形	fareis	direis	trareis
3人称複数形	farão	dirão	trarão

(2) 直説法未来形の用法

基本的には次の2つの用法で用いられます。

①未来の事柄を表します。
　Os meus pais voltarão amanhã.
　Aqui iniciaremos o estudo de alguns aspectos da cultura brasileira.（L.21）

　　直説法未来形は，改まった状況で用いられます。一方，日常の話し言葉では，後述するir＋不定詞の未来形が高い頻度で用いられます。また，直説法現在形や現在進行形で近接未来を表現することもあります。
　Os meus pais vão voltar amanhã.
　Os meus pais voltam amanhã.
　Os meus pais estão voltando amanhã.

②現在の事柄の推量を表します。
　Ele estará doente? – Não estará.

　　①の未来の事柄を表す用法と同様，推量の用法でも改まった状況では用いられますが，形式ばらない話し言葉では別の表現が好まれます。一例として次のような代用表現が挙げられます。
　疑問文：será que 〜 ?
　肯定文：助動詞 poder（〜かもしれない）＋不定詞（原形）

　　　　助動詞 dever（～にちがいない）＋不定詞（原形）など
　　Será que ele está doente? – Pode estar. / Deve estar. / Talvez.

(3) ir ＋不定詞の未来形

　　動詞 ir の直説法現在形＋不定詞（原形）で未来を表します。
　　Eles vão partir hoje à noite.

すでに述べたように，ir ＋不定詞の未来形は，話し言葉を中心に高い頻度で用いられます。本文中でも次のような文が見られます。
　　A partir desta lição vamos começar a estudar as cinco regiões que formam o Brasil. (L.5)

この文は，直説法未来形の começaremos を用いた文と比較すると，堅苦しさがなくなり，より口語的な表現になります。
１人称複数形に限っては勧誘表現としても使われます。
　　Primeiro vamos estudar um pouco sobre a língua portuguesa! (L.1)
　　Primeiro vamos estudar um pouco sobre a língua portuguesa.

最初の文のように，感嘆符があれば勧誘表現ということが一目瞭然ですが，そうでない場合は文脈によって，「まず，ポルトガル語について少し学びましょう」という勧誘表現としての解釈の他に，「まず，私たちは（これから）ポルトガル語について少し学びます」という未来の表現としての解釈も可能になります。

文 法 練 習 問 題

1. 次の動詞を直説法未来形に活用させましょう。

	ir	ser	cair	refazer	predizer
1人称単数形					
2人称単数形					
3人称単数形					
1人称複数形					
2人称複数形					
3人称複数形					

2. ir＋不定詞の未来形を直説法未来形に書き換えましょう。

   (1) Amanhã vai chover? Se chover, não vamos sair de casa.
   (2) Você vai fazer um favor? Você vai trazer a ficha do cliente?
   (3) Eu vou vender o meu carro e comprar um novo à vista.
   (4) Ela vai me dizer que não quer conhecer os meus pais?
   (5) Os funcionários vão ter que aguentar a situação atual.

3. 直説法未来形を用いて no ano que vem で始まる文に書き換えましょう。

   No ano passado nós viajamos para a região Norte com os nossos filhos. Ficamos dois dias em Manaus. No primeiro dia participamos de um passeio de barco pelo rio Amazonas. Saímos cedo do hotel para chegar a tempo. Do barco vimos o encontro impressionante dos rios Negro e Solimões. Almoçamos em um restaurante flutuante e caminhamos um pouco pela selva. Tiramos muitas fotos. E no segundo dia nós visitamos o Teatro Amazonas mas os nossos filhos foram ao centro. Lá eles fizeram compras e trouxeram artesanatos tradicionais da região.

コラム 14 自然現象を表す動詞

次のような動詞は，自然現象を表す場合，3人称単数形でのみ活用します。

1	amanhecer	7	granizar
2	anoitecer	8	nevar
3	chover	9	relampejar
4	chuviscar	10	trovoar, trovejar
5	entardecer	11	ventar
6	gear		

＊fazer や estar が天候を表す場合も3人称単数形で活用します。
例：Hoje faz sol e está quente.

Quando anoitece no Brasil, amanhece no Japão.
Faz três dias que está chovendo.
Começou a trovejar e relampejar.

多種多様な魚が並ぶ北部マナウスの魚市場

薄切りのモルタデラソーセージをたっぷりはさんだ
サンドイッチ（サンパウロ）

Lição 22 — 宗教性と祝祭
Religiosidade e festividades

A religiosidade é um outro elemento importante para se refletir sobre a diversidade da cultura brasileira. Segundo a Constituição, o Brasil é um Estado laico, onde a liberdade de religião é garantida. Embora não haja uma religião oficial no país, o catolicismo romano continua a ter o maior número de fiéis, herança da colonização portuguesa. Um fato curioso é que muitos crentes das religiões afro-brasileiras como o umbanda ou o candomblé se reconhecem "católicos" também. Esse sincretismo é uma das marcas das práticas religiosas no Brasil.

As festividades são outra marca da diversidade cultural brasileira. Sejam elas religiosas ou profanas, as festas populares fazem parte do calendário e expressam de forma lúdica a maneira como os brasileiros celebram datas importantes. O elemento religioso é um fator importante em celebrações como nas festas juninas e nas romarias. Já as festas profanas têm no Carnaval seu grande exemplo. Podemos dizer que, por natureza, o brasileiro é festivo. Graças à sua diversidade étnica, o povo acabou por criar uma cultura onde a palavra "festa" assume um sentido importante não só em datas especiais, mas no dia-a-dia, como elemento de manutenção de boas relações sociais.

語句

religiosidade	［女］宗教性，信仰心
festividades	［女］festividade 祝祭，祝いの喜び
Constituição	［女］憲法
laico	世俗の，非宗教的な
garantida	garantir 守る，保証する
fiéis	［男・女］fiel 信者
crentes	［男・女］crente 信者
afro-brasileiras	afro-brasileiro アフロブラジルの
sincretismo	［女］シンクレティズム，重層信仰
marcas	［女］marca 目印，特徴
profanas	profano 非宗教的な，世俗的な
lúdica	lúdico 遊びの，陽気な
festas juninas	festa junina フェスタ・ジュニーナ，6月の祭り
romarias	［女］romaria 聖地巡礼
por natureza	生来，本来
dia-a-dia	［男］日常生活，日々の暮らし
manutenção	［女］維持，保持

Exercícios sobre o texto

1. Segundo o texto o Brasil é
    a) um Estado católico.
    b) um Estado laico.
    c) um Estado sincrético.
    d) um Estado sem religiões.

2. Você já ouviu falar em festas juninas? Pesquise na internet sobre a origem, as regiões, as comidas, as músicas e os adereços usados nesta tradicional festividade brasileira.

3. Quais são as festividades religiosas mais tradicionais em seu país? Você já participou de alguma delas? Quando? Por quê?

接続法現在形 2 ― 副詞節・主節

接続法現在形は，すでに見た名詞節・形容詞節の他に，副詞節でも用いられます。また，場合によっては，主節（独立文）に現れることもあります。この課では，副詞節と主節（独立文）における用法を見ていきます。

(1) 接続法現在形の用法：副詞節

次のような接続詞に導かれる副詞節では接続法が用いられます。いずれの文でも従属節の動詞が接続法現在形になっているのは，主節の動詞が直説法現在形，直説法未来形，および命令を表す接続法現在形で活用しているためです。（→第20課：接続詞）

①譲歩

embora, mesmo que, ainda que, apesar de que, se bem que, nem que, por mais/menos que, quer...quer 〜 , quem quer que 〜 などの「譲歩」を表す接続詞に導かれる節。
Mesmo que você esteja vacinado, use máscara, mantenha o distanciamento e higienize as mãos com água e sabão.
Vocês devem ler nem que seja um livro por mês.
Quer chova quer faça sol, o jogo vai prosseguir.
O que quer que ela diga, não acredite mais nela.

②条件

caso, desde que, a não ser que, a menos que, sem que, contanto que, dado que などの「条件」を表す接続詞に導かれる節。
Desde que você faça o dever de casa, pode assistir à TV.
＊desde que + 直説法では「〜して以来」の意味になります。
　Desde que o bebê nasceu, tenho dormido pouco.

Hoje não vou ao escritório a não ser que haja algum negócio urgente.

③目的

para que, a fim de que, de modo/maneira/forma que などの「目的」を表す

接続詞に導かれる節。

Basta preencher o formulário no nosso site para que você possa receber seus produtos em casa.

Vocês devem falar alto e claro de modo que todos ouçam bem.

＊de modo/maneira/forma que ＋直説法では結果を表します。

Ele teve que levar os filhos para a creche de modo que se atrasou para o trabalho.

④時

antes que, até que などの「時」を表す接続詞に導かれる節。

＊「時」を表す接続詞でも，quando や depois que は，未来の事柄を表す場合には接続法未来形とともに用いられ，接続法現在形と用いられることはないので注意が必要です。(→第24課：接続法未来形)

Precisamos pôr a mesa antes que cheguem os convidados.

(2) 接続法現在形の用法：主節（独立文）

①命令文

ポルトガル語の命令法は，2人称単数と2人称複数に対する肯定命令の場合にしか用いられません。しかしながら，現代のポルトガル語では，きわめて特殊な状況を除くと，2人称複数形の vós は用いられず，2人称単数形の tu についても，ポルトガルでは頻繁に使用されますが，ブラジルでは一部の地域を除いて用いられないことはすでに触れた通りです。それゆえ，você(s) や o(s) senhor(es) といった対称詞としての3人称に対する命令には，肯定であろうと否定であろうと，接続法現在3人称の単数形と複数形が使用されます。

　　Diga a verdade! / Não diga mentiras!（3人称単数）
　　Falem baixo! / Não falem alto!（3人称複数）

ポルトガル語の命令文は次のようにまとめられます。

人称・数	肯定	否定
tu	Para!　（命令法）	Não pares!　（接・現）
vós	Parai!　（命令法）	Não pareis!　（接・現）
você/o senhor/a senhora	Pare!　（接・現）	Não pare!　（接・現）
vocês/os senhores/as senhores	Parem!　（接・現）	Não parem!　（接・現）

＊命令法（Tu や Vós に対する肯定命令）は，直説法現在 2 人称の単数形および複数形から語尾の -s を取り除いた形です。しかし，否定命令には，接続法現在 2 人称の単数形および複数形を用います。唯一の例外は動詞 ser の命令法で，それぞれ sê (tu), sede (vós) を用います。

＊fazer, dizer, trazer のような直説法現在 3 人称単数形が -z で終わる動詞の命令法は，それぞれ faze, dize, traze となりますが，実際には，直説法現在 3 人称単数形の faz, diz, traz が頻繁に用いられます。

＊Paremos や Vejamos のように，接続法 1 人称複数形は，通常，「～しましょう」の意味で用いられます。

発展 — ブラジルの話し言葉における命令表現

ブラジルの話し言葉において，とりわけ você に対する命令に直説法現在 3 人称単数形と同じ語形が用いられることがあります。接続法現在形の命令と比較すると，通常，親しい話し手に対して用いられます。命令法の 2 人称単数形を用いているようにも見えますが，否定文になった場合にも肯定文と同じ形が用いられることから，これが命令法でないことは明らかです。

	肯定文	否定文
tu（命令法）	Faz isso!	Não faças isso!
você（話し言葉の命令表現）	Faz isso!	Não faz isso!
você（接続法現在形）	Faça isso!	Não faça isso!

② その他

talvez が用いられる場合や oxalá, tomara que をはじめとする祈願文などでは主節に接続法の時制が用いられます。

Talvez eles venham.

＊Eles vêm talvez. のように，talvez が動詞の後に置かれると直説法が用いられます。

Oxalá não chova!

＊Oxalá que não chova! と表現することもあります。

Deus me abençoe!

文法練習問題

1. 適切な接続詞を選び、括弧内の動詞を活用させましょう。

   ainda que, para que, caso, a não ser que, antes que, por mais que

   (1) Preciso arrumar a casa, _____ os meus pais (chegar).
   (2) Vou embora, _____ todos (estar) trabalhando.
   (3) Vamos chegar a tempo, _____ (haver) algum imprevisto.
   (4) Os meninos estão de mãos dadas, _____ não (perder-se).
   (5) _____ (chover) forte, as casas podem desabar.
   (6) _____ (comer), ele nunca engorda.

2. 次の動詞を接続法か直説法の現在形に活用させましょう。

   (1) Para onde quer que (ir), eu sempre (levar) o meu celular.
   (2) Não penso que as meninas (querer) viajar de navio. Talvez elas (preferir) ir de avião.
   (3) Vamos alugar aquele prédio que (ficar) ao lado da prefeitura, desde que o seu valor (ser) razoável.
   (4) Por maiores que (ser) as dificuldades, eu (precisar) enfrentá-las.
   (5) Hoje à noite nós (sair) para ver o eclipse lunar. Tomara que o tempo (estar) bom.
   (6) Dizem que desta vez o salário (aumentar). Mas talvez isso (ser) só um rumor, pois não (haver) aumentos de salário desde 2010.
   (7) Mesmo que elas (insistir), convém que os pais não (dar) smartphones ou tablets para crianças muito novas.
   (8) A greve (continuar) a menos que o governo (tomar) alguma providência.
   (9) Todas as crianças com menos de cinco anos de idade (dever) ser vacinadas, quer os pais (querer) quer não.

3. 括弧内の人物に対する命令文を作りましょう。

　　(1) （você）não dizer mentiras
　　(2) （a senhora）trazer o seu RG e CPF
　　(3) （tu）ser feliz
　　(4) （tu）não fazer barulho
　　(5) （os amigos）não ver este filme
　　(6) （as crianças）vir cá
　　(7) （os alunos）não esquecer a lição de casa
　　(8) （você）dormir bem
　　(9) （tu）não dar ouvido
　　(10) （os senhores）ler o manual de instruções

コラム 15　英語起源の外来語

現代のブラジル・ポルトガル語には，英語起源の外来語が数多く見られます。そのほとんどは名詞ですが，中には light のような形容詞や checar, xerocar をはじめとする動詞も見られます。外来語は，美容・ファッション・スポーツの分野でも多く用いられますが，とりわけ IT 分野においてその使用が顕著に見られます。その一部を次に紹介しましょう。

	(o) blog/blogue	ブログ
	(o) e-mail	E メール
	(a) homepage	ホームページ
	(a) internet	インターネット
	(o) laptop	ラップトップ
名詞	(o) notebook	ノートブック
	(o) site	サイト
	(o) smartphone	スマートフォン
	(o) tablet/tablete	タブレット
	(o) videogame	ビデオゲーム
	(a) web	ウェブ
	acessar	アクセスする
	clicar	クリックする
動詞	deletar	削除する
	postar	（ブログなどに）投稿する
	scanear/escanear	スキャンする

＊語によっては，表記に揺れのあるものもあります。

Lição 23 — サンバが通る
O samba pede passagem

Se o ritmo do samba deu seus primeiros passos na Bahia em fins do século XIX a partir de ritmos afro-brasileiros, foi nos morros cariocas que a batucada criou raízes e tomou forma no início do século XX, recebendo a denominação de samba carioca ou do morro. Posteriormente, vários gêneros de samba foram surgindo como, por exemplo, o samba-enredo, o samba-canção, até que este gênero de música e dança com alma negra se tornasse referência do Brasil em todo o mundo.

Desde o ano de 2007, o samba carioca é considerado pelo Instituto do Patrimônio Histórico e Artístico Nacional (IPHAN) patrimônio cultural imaterial brasileiro.

A arte do samba não está somente nos ritmos sincopados do batuque, mas também nas letras que geralmente retratam o cotidiano difícil, mas carregado de esperança, alegria e humor das classes baixas suburbanas cariocas. Ao descer dos morros cariocas, o samba pediu passagem e foi conquistando o coração dos brasileiros nos quatro cantos do país.

Se você gosta de samba e um dia tiver a oportunidade de visitar a cidade do Rio de Janeiro, considerada o berço do samba, um lugar imperdível para se conhecer é a Cidade do Samba. É um parque temático destinado à concentração das escolas de samba cariocas, as mais famosas e tradicionais do Brasil.

語句

passagem	［女］通行，通過
morros	［男］morro 丘，小山，（丘の中腹にある）スラム
batucada	［女］バトゥカーダ〈打楽器のみの演奏〉
denominação	［女］命名，名称
gêneros	［男］gênero ジャンル，様式
referência	［女］言及，参考事項，基準
instituto	［男］研究所，学会
imaterial	無形の
sincopados	sincopar シンコペートする
letras	［女］文字，歌詞
carregado	(+de) …で一杯の
suburbanas	suburbano 郊外の，都市近郊の
conquistando	conquistar 征服する，勝ち取る
cantos	［男］canto 隅，角
parque temático	テーマパーク
destinado	destinar (+ a) …に予定する，割り当てる
escolas	［女］escola 学校，学派；(+ de samba) エスコーラ・デ・サンバ，サンバチーム

Exercícios sobre o texto

1. Qual é a origem do samba?

2. Você já ouviu algum samba? Qual?

3. Escolha um dos sambistas abaixo. Pesquise na internet a biografia dele e algum samba de sua autoria, ouça e apresente aos seus colegas a sua escolha.
    a) Adoniran Barbosa
    b) Cartola
    c) Martinho da Vila
    d) Noel Rosa
    e) Paulinho da Viola

接続法半過去形

(1) 接続法半過去形の活用

接続法半過去形の活用は，直説法完了過去3人称複数形の語尾 -ram を取り，次の語尾を付加して作ります。接続法半過去形の活用に例外はありません。

第1活用動詞（-ar） 第2活用動詞（-er） 第3活用動詞（-ir）	-sse -sses -sse -ssemos -sseis -ssem

実際に活用させてみましょう。

	第1活用動詞 FALAR falar<u>am</u>	第2活用動詞 ENTENDER entender<u>am</u>	第3活用動詞 PARTIR partir<u>am</u>
1人称単数形	fala<u>sse</u>	entende<u>sse</u>	parti<u>sse</u>
2人称単数形	fala<u>sses</u>	entende<u>sses</u>	parti<u>sses</u>
3人称単数形	fala<u>sse</u>	entende<u>sse</u>	parti<u>sse</u>
1人称複数形	falá<u>ssemos</u>	entendê<u>ssemos</u>	partí<u>ssemos</u>
2人称複数形	falá<u>sseis</u>	entendê<u>sseis</u>	partí<u>sseis</u>
3人称複数形	fala<u>ssem</u>	entende<u>ssem</u>	parti<u>ssem</u>

全ての動詞において，1人称複数形と2人称複数形にはアクセント記号が付与されますが，上記の表のように第2活用の規則動詞に加えて，次に挙げた ser/ir のように母音が o の場合には，閉音符（ê, ô）が付きます。それ以外の動詞では，不規則動詞も含めて，全て鋭音符（á, é, í）が付きます。

	SER/IR	FAZER	ESTAR
1人称単数形	fo<u>sse</u>	fize<u>sse</u>	estive<u>sse</u>
2人称単数形	fo<u>sses</u>	fize<u>sses</u>	estive<u>sses</u>
3人称単数形	fo<u>sse</u>	fize<u>sse</u>	estive<u>sse</u>
1人称複数形	fô<u>ssemos</u>	fizé<u>ssemos</u>	estivé<u>ssemos</u>
2人称複数形	fô<u>sseis</u>	fizé<u>sseis</u>	estivé<u>sseis</u>
3人称複数形	fo<u>ssem</u>	fize<u>ssem</u>	estive<u>ssem</u>

(2) 接続法半過去形の用法

①時制の一致

接続法が要求される名詞節，副詞節および形容詞節において，主節の動詞が直説法のいずれかの過去時制（完了過去，半過去，過去未来など）であることに加えて，それと同時か，またはそれよりも後に実現される事柄を従属節で表す場合に従属節の動詞には接続法半過去形が用いられます。つまり，第19課と第22課で見たような接続法現在形が用いられる文で，主節の動詞が直説法のいずれかの過去時制になれば，時制の一致により従属節には接続法半過去形が用いられます。独立文でも同様に文脈によって接続法半過去形が用いられることがあります。

接続法現在形の用例と比較してみましょう。

名詞節

É melhor que vocês saiam.
Seria melhor que vocês saíssem.

Prefiro que me tragam um café.
Preferia que me trouxessem um café.

副詞節

Embora esteja gripado, vou trabalhar.
Embora estivesse gripado, fui trabalhar.

Temos que esperar até que o filme seja lançado em nosso país.
Tivemos que esperar até que o filme fosse lançado em nosso país.

形容詞節

Ela quer frequentar uma escola que fique perto da casa dela.
Ela queria frequentar uma escola que ficasse perto da casa dela.

主節（独立文）

Talvez eu esteja enganado.
Talvez eu estivesse enganado.

Oxalá dê tudo certo!
Oxalá desse tudo certo!

②条件文での用法

接続詞 se の条件文で，現在または未来において実現する可能性がないか，または実現する可能性がきわめて低い場合に接続法半過去形が用いられます。(→第29課：条件文)

Se eu fosse você, não iria.

Se não chovesse amanhã, iria à praia. Mas vai ser difícil, pois estamos na estação das chuvas.

＊同じ文脈で接続法未来形が用いられると実現する可能性が十分にあることになります。

Se não chover amanhã, irei à praia.

③ como se ＋接続法半過去形：「まるで〜のように」を意味します。

＊この構文は，接続法半過去形または接続法大過去形としか用いられません。(→第29課：接続法大過去)

O meu amigo ficou paralisado como se tivesse visto um fantasma.

Ela me trata como se fosse a filha dela.

Eu me senti à vontade como se estivesse em casa.

文 法 練 習 問 題

1. 次の動詞の接続法半過去1人称単数形を答えましょう。

   (1) gostar　　(6) dizer　　(11) dar
   (2) beber　　(7) vir　　(12) caber
   (3) permitir　(8) haver　 (13) querer
   (4) ler　　　 (9) pôr　　 (14) fazer
   (5) saber　　(10) estar　 (15) ver

2. 次の動詞を接続法半過去形に活用させましょう。

	ir/ser	ter	poder	trazer	sair
1人称単数形					
2人称単数形					
3人称単数形					
1人称複数形					
2人称複数形					
3人称複数形					

3. 括弧内の動詞を適切な形（単純時制）に活用させましょう。

   (1) Eu queria que vocês (dar) uma olhada no meu trabalho.
   (2) Não duvido que ele (dizer) a verdade.
   (3) Era necessário que os índios (aprender) português para que (ser) catequizados.
   (4) O professor não permitiu que os alunos (sair) da sala.
   (5) Mesmo que (haver) amigos naquela multidão, seria difícil reconhecê-los.
   (6) Para fazer uma reserva, basta que nós (preencher) o formulário.
   (7) Ele ia embora sem que (dizer) uma única palavra.
   (8) Gostaria que o senhor me (esclarecer) uma dúvida.
   (9) Se eu (ser) ele, não faria isso de jeito nenhum.
   (10) O meu chefe estava procurando alguém que (saber) dirigir.

(11) A nossa vizinha de 50 anos sempre se comporta como se (ter) 30 anos.

(12) Não faço questão de que você (vir) comigo. Mas seria bom se (poder) vir!

Lição 24 — ブラジルのカーニバル
O carnaval no Brasil

O carnaval, a maior festa popular brasileira tem sua origem no entrudo, celebração trazida pelos portugueses ainda no final do século XVI para o Brasil Colônia. As pessoas brincavam em casa entre os familiares (o entrudo familiar) ou nas ruas, misturando-se os brancos e os negros escravos e libertos (o entrudo popular). Os participantes da folia se divertiam, jogando uns nos outros água, farinha, ovos ou limões de cheiro, que eram pequenas bolas de cera com água. Essa era a forma de se celebrar o carnaval, principalmente na cidade do Rio de Janeiro até meados do século XIX, quando passou a ser proibida em 1853.

No final do século XIX surgiram os cordões e blocos carnavalescos, que se tornariam mais tarde as principais escolas de samba do Rio de Janeiro. A maioria dessas escolas tiveram início em humildes comunidades suburbanas cariocas. O primeiro desfile foi realizado em 1932 com apenas três escolas de samba participantes. Mundialmente famosos hoje, esses desfiles envolvem milhares de pessoas da comunidade na qual a escola de samba é afiliada. A preparação para o Carnaval leva quase um ano. Assim que a escola de samba termina o seu desfile em determinado ano, já sai pensando no ano seguinte. Os preparativos passam por vários momentos como a escolha do samba-enredo, confecção das fantasias, criação dos carros alegóricos, ensaios e finalmente a concentração e o desfile no sambódromo. Você já deve ter visto pela televisão a transmissão ao vivo deste festival que é considerado por muitos o "maior espetáculo da terra." Fascinante, não é?

語句

trazida	trazer 持って来る，もたらす
familiares	familiar［男］家族のメンバー，［形］家族の
libertos	liberto 自由な，自由の身になった
participantes	participante［男・女］参加者，［形］参加する
limões	［男］limão レモン
proibida	proibir 禁止する
cordões	［男］cordão 紐，列，コルダン〈カーニバルの団体〉
blocos	［男］bloco 塊，一組，ブロッコ〈カーニバルの団体〉
humildes	humilde 卑しい，貧しい
afiliada	afiliar 加入させる，提携させる
samba-enredo	［男］エスコーラ・デ・サンバのパレードのために作られるテーマ曲（=samba de enredo）
fantasias	［女］fantasia 仮装，衣装
carros alegóricos	carro alegórico（パレードなどの）山車
ensaios	［男］ensaio 練習，リハーサル
concentração	［女］集中，集結
ao vivo	生放送で
espetáculo	［男］光景，見世物，ショー

Exercícios sobre o texto

1. Segundo o texto o que era o entrudo?

2. Como são os preparativos para o carnaval carioca?

3. Escreva uma história curta com diálogos (15–20 linhas) entre você e um amigo que foram passar o carnaval juntos no Rio de Janeiro.

接続法未来形

(1) 接続法未来形の活用

接続法未来形の活用は，直説法完了過去3人称複数形の語尾-ramを取り，次の語尾を付加して作ります。接続法未来形の活用に例外はありません。

第1活用動詞 (-ar) 第2活用動詞 (-er) 第3活用動詞 (-ir)	-r -res -r -rmos -rdes -rem

実際に活用させてみましょう。

	第1活用動詞 FALAR falaram	第2活用動詞 ENTENDER entenderam	第3活用動詞 PARTIR partiram
1人称単数形	falar	entender	partir
2人称単数形	falares	entenderes	partires
3人称単数形	falar	entender	partir
1人称複数形	falarmos	entendermos	partirmos
2人称複数形	falardes	entenderdes	partirdes
3人称複数形	falarem	entenderem	partirem

接続法未来形の活用は，人称不定詞の活用と混同しがちですが，不規則動詞では両者の活用形は異なります。（→第25課：人称不定詞）

(2) 接続法未来形の用法：副詞節

接続法未来形は，主に，次のような接続詞に導かれる副詞節が，未来の事柄を表す場合に用いられます。この時，主節の動詞は，直説法現在形，直説法未来形，および命令を表す接続法現在形のいずれかになります。

①時

quando, depois que, enquanto, logo que, assim que, sempre que などの「時」

を表す接続詞に導かれる節。
＊logo que のように接続詞によっては接続法現在形と用いられることもありますが，そのような接続詞でも接続法未来形と用いられる方がより一般的です。
＊「時」を表す接続詞でも，antes que や até que は接続法現在形と用いられます。（→第22課：接続法現在形2 — 副詞節）

Quando você tiver tempo, venha me visitar.
Logo que chegar ao Brasil, o aluno estrangeiro precisa solicitar a carteira de identidade na Polícia Federal.

②条件
　未来に関する条件文では主に接続詞 se が用いられます。
Se eu for reprovado no exame, o que vai acontecer?
Se vocês quiserem, podemos marcar um jantar na minha casa.

　se の他にも条件を表す接続詞に caso がありますが，主節の動詞が現在時制および未来時制の場合には，caso は，必ず接続法現在形とともに用いられ，接続法未来形と用いられることはありません。一方，se は，文脈によって直説法の時制と用いられることはあるものの，talvez などが動詞の前にない限り，接続法現在形と用いられることはないので，両者を混同しないように注意してください。
Se você não puder participar do evento, por favor, me avise com antecedência.
Caso você não possa participar do evento, por favor, me avise com antecedência.

③様態
　como, conforme などの接続詞に導かれる節。
Faça como você quiser.

④譲歩
　接続法現在形と接続法未来形が同時に用いられる次のような表現があります。
Aconteça o que acontecer, você deve manter a calma.
Faça como você fizer, o resultado será o mesmo.
Os animais devem ser bem tratados estejam onde estiverem.

(3) 接続法未来形の用法：形容詞節

関係代名詞・関係副詞に導かれる形容詞節においても接続法未来形が用いられます。この時，副詞節と同様に，主節の動詞は，直説法現在形，直説法未来形，および命令を表す接続法現在形のいずれかになります。

Quem tiver interesse em aprender a culinária local, faça inscrição no nosso site.

Vence aquele que fizer a melhor apresentação perante o público e os jurados. (L.6)
＊aquele(s) que は，「～する人（々）」を意味します。

Ele vai tentar resolver problemas até onde alcançar o seu nível de conhecimento.

文法練習問題

1. 次の動詞の接続法未来1人称単数形を答えましょう。

   (1) gostar　　(6) trazer　　(11) dar
   (2) beber　　(7) vir　　(12) caber
   (3) permitir　(8) haver　　(13) querer
   (4) doer　　　(9) pôr　　　(14) poder
   (5) saber　　(10) ter　　　(15) ver

2. 次の動詞を接続法未来形に活用させましょう。

	ir/ser	estar	fazer	dizer	sair
1人称単数形					
2人称単数形					
3人称単数形					
1人称複数形					
2人称複数形					
3人称複数形					

3. 括弧内の動詞を接続法現在形か接続法未来形に活用させましょう。

   (1) Se a senhora (ter) febre alta com vômito, será melhor que (consultar) o médico.
   (2) (ser) quem (ser) o treinador, continuo torcendo pelo time.
   (3) Assim que ele (recuperar-se) do coma, precisamos chamar o doutor.
   (4) Enquanto eles (estar) em greve de fome, dormirão fora.
   (5) Quem (poder), (divulgar) esta informação!
   (6) Caso (ser) necessário, solicitamos que os senhores (entrar) em contato com o Centro de Atendimento.
   (7) Sempre que você (ir) ao ar livre, (aplicar) protetor solar.
   (8) Quando o meu filho (ser) grande, quero que (ser) futebolista.
   (9) (pedir) o que o senhor (querer) comer! (ficar) à vontade!
   (10) Depois que vocês (sair) do trabalho, (vir) me visitar!

コラム 16 国を表す複合形容詞

国を表す形容詞が2つ以上用いられる場合，通常，最初の要素には次のような語形が用いられます。例に見られるように，最初の要素は変化せず，後続する形容詞のみが修飾する名詞の性数に応じて変化します。

国　名	形容詞	例
ポルトガル	luso	departamento luso-brasileiro
日　　本	nipo	associação nipo-brasileira
アフリカ	afro	cultura afro-brasileira
イギリス	anglo	mulheres anglo-americanas
ヨーロッパ	euro	copa euro-americana
イベリア	ibero	países ibero-americanos
スペイン	hispano	guerra hispano-americana
ドイツ	teuto	comunidades teuto-brasileiras
フランス	franco	literatura franco-brasileira
イタリア	ítalo	colégios ítalo-brasileiros
ギリシア	greco	origem greco-latina
中　　国	sino	acordo sino-americano

Lição 25 — サッカーの国ブラジル
O Brasil – país do futebol

Dizem que o Brasil é o país do futebol. Mas quando e como o futebol chegou ao país? Foi um jovem paulista de ascendência britânica, chamado Charles William Miller, o introdutor do futebol em terras brasileiras. Ao voltar para São Paulo após uma viagem de estudos na Inglaterra em 1894, o jovem Charles Miller trouxe duas bolas, um par de chuteiras, uma bomba de encher bolas, uniformes usados e um livro com as regras do "esporte bretão". Começava assim a história de uma das maiores paixões do povo brasileiro.

Em suas primeiras décadas no Brasil, o futebol era praticado apenas pela elite branca, sendo os negros, mulatos e oriundos das classes mais humildes excluídos dos jogos. Pioneiros em aceitar no esporte os menos favorecidos socialmente foram times como o Bangu e o Vasco, ambos times do Rio de Janeiro, e a Ponte Preta de Campinas, cidade do estado de São Paulo. A partir da década de 1920, começaram a se fazer presentes no cenário futebolístico embora devagar e não sem resistência aqueles que eram discriminados social e racialmente.

Tendo percorrido um longo caminho para a integração total, o futebol tornou-se um importante fator de sociabilidade. Considerado um fenômeno social totalizante, hoje ele atinge todas as camadas sociais, do pobre ao rico, do negro ao branco, indistintamente do local de nascimento.

語句

ascendência	［女］血統，先祖
británica	［男］［形］británico 英国の（人）
chuteiras	［女］chuteira サッカーシューズ
bomba	［女］空気入れ
paixões	［女］paixão 情熱，愛着
praticado	praticar 実践する，行う
elite	［女］エリート
excluídos	excluir 排除する，締め出す
favorecidos	favorecer 優遇する
futebolístico	サッカーの
discriminados	discriminar 区別する，差別する
percorrido	percorrer 通る，通り抜ける
integração	［女］統合，（人種）融合
sociabilidade	［女］社交術，社交性
totalizante	全体化する，総合する
indistintamente	区別なく，分け隔てなく

Exercícios sobre o texto

1. Segundo o texto quando e como o futebol chegou ao Brasil?

2. Explique com suas palavras o trecho abaixo:
   "Tendo percorrido um longo caminho para a integração total, o futebol tornou-se um importante fator de sociabilidade."

3. Pergunte ao seu colega: Você pratica algum esporte? Qual? Quantas vezes por semana? Qual(is) o(s) motivo(s)?

不定詞・人称不定詞

ポルトガル語には，辞書の見出し語として記載されている形（原形）に相当する不定詞の他に，主語の人称・数に応じて変化する不定詞があります。前者は単に不定詞または非人称不定詞と呼ばれるのに対して，後者は人称不定詞と呼ばれます。

25.1 不定詞

(1) 不定詞の形態と用法

主語を持たない不定詞（非人称不定詞）は，動詞の原形に相当します。
不定詞の主な用法は次の通りです。

①名詞と同等の機能を果たします。
　Errar é humano.
　Fumar prejudica a saúde.

②命令を表します。
　Soldados, marchar!
　Não fumar neste recinto.

③動詞＋不定詞をはじめとする動詞句を形成します。（→コラム17）
　Não quero interromper o seu trabalho.
　Devemos reciclar o lixo para proteger a natureza.

25.2 人称不定詞

(1) 人称不定詞の活用

人称不定詞の活用は，動詞の不定詞に次の活用語尾を付加して作ります。人称不定詞の活用に例外はありません。

第1活用動詞（-ar） 第2活用動詞（-er） 第3活用動詞（-ir）	―　-es　―　-mos　-des　-em

＊―は，付加する活用語尾がないことを示しています。

実際に活用させてみましょう。

		FALAR	ENTENDER	PARTIR
人称 不定詞	1人称単数形	falar	entender	partir
	2人称単数形	falares	entenderes	partires
	3人称単数形	falar	entender	partir
	1人称複数形	falarmos	entendermos	partirmos
	2人称複数形	falardes	entenderdes	partirdes
	3人称複数形	falarem	entenderem	partirem

人称不定詞の活用は，接続法未来形の活用と混同しがちです。とりわけ規則動詞については，両者は全く同じ形になりますが，不規則動詞では活用が異なるため注意が必要です。動詞 ver を例に接続法未来形の活用と比較してみましょう。

	人称不定詞	接続法未来形
1人称単数形	ver	vir
2人称単数形	veres	vires
3人称単数形	ver	vir
1人称複数形	vermos	virmos
2人称複数形	verdes	virdes
3人称複数形	verem	virem

(2) 人称不定詞の用法

　人称不定詞は，原則として，主節の動詞の主語と不定詞の主語が異なる場合に用いられます。次の例の違いを見てください。最初の文では，人称・数による変化を受けない不定詞（非人称不定詞）が用いられているのに対して，2つ目の文では，vocês を主語とする人称不定詞が用いられています。

É importante ler livros.
　　É importante vocês lerem livros.

　次の文では，主節の主語と不定詞の主語を明確に区別するために人称不定詞が用いられています。
　　Os meus pais alugam esta casa para eu morar.
　　O funcionário vai tentar explicar até entendermos tudo.

　上記の人称不定詞が使用されている3つの文は，次のように表現することも可能です。
　　É importante que vocês leiam livros.
　　Os meus pais alugam esta casa para que eu more.
　　O funcionário vai tentar explicar até que entendamos tudo.

(3) 不定詞・人称不定詞の複合形の活用と用法

①活用

　　不定詞（非人称不定詞）および人称不定詞の複合形は，ter（またはhaver）＋過去分詞で表されます。この時，過去分詞は主語の性数変化を受けないので注意が必要です。

　　動詞 falar を例に活用させてみましょう。

	不定詞	ter (haver)	falado
人称不定詞	1人称単数形	ter (haver)	falado
	2人称単数形	teres (haveres)	falado
	3人称単数形	ter (haver)	falado
	1人称複数形	termos (havermos)	falado
	2人称複数形	terdes (haverdes)	falado
	3人称複数形	terem (haverem)	falado

②用法

　　複合形は，主節の動詞よりも前の時制を示す場合や完了を明確に示す場合に用いられます。しかし，文脈で前後の時間の関係がわかる場合には，

単純形で表現することもあります。

Gostei muito de ter conhecido os seus amigos.

Desculpe por termos chegado atrasados.

Vocês só podem sair depois de terem feito os exercícios.

Isso se deve ao fato de o processo da colonização portuguesa ter se iniciado na região Nordeste ainda em meados do século XVI. (L.9)

＊人称不定詞の主語に定冠詞が付く場合，通常，前置詞と縮合しません。

(4) 人称不定詞が用いられるその他の表現

① ao +（人称）不定詞

「～する時」を意味します。

Ao verem injustiças, as pessoas sensíveis sofrem.

Ao termos verificado a falha, resolvemos instalar novamente o programa.

Ao voltar para São Paulo após uma viagem de estudos na Inglaterra, o jovem Charles Miller trouxe duas bolas. (L.25)

　主節の主語と不定詞の主語が同じであれば，次のように，必ずしも人称不定詞が用いられるわけではありません。

Ao ver (= verem) injustiças, as pessoas sensíveis sofrem.

Ao ter (= termos) verificado a falha, resolvemos instalar novamente o programa.

② para, por, sem, até, antes de, depois de, apesar de のような前置詞（句）の後

Será que dá para vocês me ajudarem? – Desculpe, mas não dá.

＊dar の3人称単数形＋ para ＋（人称）不定詞で「～できる」を意味します。ブラジルの話し言葉で頻繁に用いられます。

Para discutirmos sobre este tema polêmico, é importante que leiamos e nos informemos bastante sobre o assunto. (L.30)

Os homens são multados por estarem em área de preservação.

Como é que os ladrões conseguiram fugir sem vocês perceberem?

Os meus pais chegaram em casa depois de os meus amigos terem ido (= irem) embora.

Apesar de o tempo estar agradável, decidi ficar em casa.

③使役構文や知覚構文

　　Deixa-me ver や Mando-os trabalhar のような使役構文および知覚構文において，目的語の位置に弱形代名詞が用いられると，後に続く動詞は通常，不定詞になります。一方，次の例文のように，目的語の位置に os alunos, eles, as suas calças, os dias といった名詞（句）や主語人称代名詞が用いられると，これらは後に続く動詞の主語と捉えられるため，人称不定詞が用いられる傾向が高くなります。

O professor mandou os alunos escreverem uma redação.
= O professor mandou que os alunos escrevessem uma redação.
Deixa eles irem para frente!
= Deixa que eles vão para frente!
O menino fez as suas calças ficarem mais curtas.
= O menino fez (com) que as suas calças ficassem mais curtas.
Vejo os dias passarem tão devagar.
= Vejo que os dias passam tão devagar.

　　しかし，これはあくまでも傾向であり，実際には次のように，不定詞が使用されることもあります。

O professor mandou os alunos escrever uma redação.
Deixa eles ir para frente!
O menino fez as suas calças ficar mais curtas.
Vejo os dias passar.

文 法 練 習 問 題

1. 人称不定詞を用いた文に書き換えましょう。

　(1)　O mais importante é encontrar o equilíbrio antes que se manifeste qualquer sintoma.

　(2)　É melhor que você não consuma muito carboidrato à noite.

　(3)　Pedimos aos nossos leitores que deem sugestões.

　(4)　Os pais me sustentam até que eu me forme.

　(5)　Depois que você insistiu muito, o meu filho foi ao dentista.

　(6)　O homem fez um sinal para que trouxessem a conta.

　(7)　Apesar de que estejamos no verão, ainda faz um friozinho.

　(8)　Estudo aqui sem que me incomodem.

　(9)　Resolvemos chamar um táxi porque ela está atrasada.

　(10)　Os supervisores mandam que os funcionários obedeçam às ordens dadas.

コラム17 不定詞を伴う動詞

次のように，前置詞を介さず不定詞（原形）を用いるものと，前置詞を介して不定詞（原形）を用いるものとがあります。

(1) 動詞＋不定詞

1	conseguir＋不定詞（L.29）	7	poder＋不定詞（L.22, L.29）
2	costumar＋不定詞	8	procurar＋不定詞
3	decidir＋不定詞	9	querer＋不定詞
4	desejar＋不定詞	10	saber＋不定詞
5	dever＋不定詞	11	tentar＋不定詞（L.29）
6	ir＋不定詞	12	vir＋不定詞

(2) 動詞＋a＋不定詞

1	ajudar＋a＋不定詞（L.29）	7	decidir-se＋a＋不定詞
2	aprender＋a＋不定詞	8	ensinar＋a＋不定詞
3	atrever-se＋a＋不定詞	9	passar＋a＋不定詞（L.24）
4	chegar＋a＋不定詞	10	tornar＋a＋不定詞
5	começar＋a＋不定詞（L.25, L.30）	11	voltar＋a＋不定詞
6	continuar＋a＋不定詞（L.12）		

(3) 動詞＋a以外の前置詞＋不定詞

1	acabar＋por＋不定詞（L.22）	9	insistir＋em/por/sobre＋不定詞
2	acabar＋de＋不定詞	10	lembrar-se＋de＋不定詞
3	começar＋por＋不定詞	11	parar＋de＋不定詞
4	deixar＋de＋不定詞（L.6）	12	pedir＋para＋不定詞
5	esforçar-se＋por/em/para＋不定詞	13	pensar＋em＋不定詞
6	esquecer-se＋de＋不定詞	14	preparar-se＋para＋不定詞
7	gostar＋de＋不定詞	15	ter＋de/que＋不定詞
8	haver＋de＋不定詞	16	tratar＋de＋不定詞

2014年ブラジルW杯 日本対ギリシャ戦（ナタル市ドゥナス競技場）

25

Lição 26 サッカーの王様ペレ
Pelé – o rei do futebol

O futebol brasileiro tem um "rei": Edson Arantes do Nascimento, mundialmente conhecido como Pelé. Nascido em 23 de outubro de 1940 na cidade de Três Corações no estado de Minas Gerais, desde pequeno o garotinho Edson foi incentivado pelo pai a jogar futebol. Em Bauru, cidade do interior de São Paulo, onde passou a infância, ele já chamava a atenção por sua habilidade e técnica demonstradas nos times da região. Foi levado para o Santos Futebol Clube em 1956 com a idade de 15 anos, estreando profissionalmente no clube no mesmo ano. Dali em diante criou-se o mito Pelé. Ele é o maior artilheiro do Santos F.C. e da seleção brasileira, totalizando mais de mil e duzentos gols feitos em 21 anos de carreira. Participou de quatro Copas do Mundo (1958, 1962, 1966, 1970), sendo campeão em três. Foi eleito o "Melhor Jogador do Século" pela FIFA em 2000.

Nos dias de hoje, o ex-atleta atua como garoto-propaganda de várias entidades privadas ou governamentais e já foi até Ministro Extraordinário dos Esportes no Brasil (1995–1998).

Mas qual seria o segredo do sucesso de Pelé? Ele mesmo disse em várias entrevistas que seu segredo se resumiria a muita disciplina, seriedade nos treinos para a manutenção da técnica e da forma física, e um talento dado pela graça divina.

語句

garotinho	garoto ＋縮小辞（⇒ L.20）
incentivado	incentivar 刺激する，奨励する
demonstradas	demonstrar 証明する
estreando	estrear デビューする
dali em diante	それ以降
artilheiro	［男］（サッカーの）ストライカー
seleção	［女］選抜，（+brasileira）ブラジル代表チーム
totalizando	totalizar 総計して…になる
Copas do Mundo	Copa do Mundo ワールドカップ
eleito	eleger 選ぶ（⇒ L.14）
ex-atleta	［男・女］元アスリート・運動選手
garoto-propaganda	［男］広告塔，看板的存在
entidades	［女］entidade 団体，機関
privadas	privado 私的な，民間の
governamentais	governamental 政府の
disciplina	［女］規律，訓練
graça	［女］恩恵
divina	divino 神の

Exercícios sobre o texto

1. Segundo o texto por que Pelé é considerado o "rei do futebol"?

2. Quantos gols Pelé fez em toda a sua carreira?

3. Na sua opinião quem é (ou foi) o grande mito esportivo japonês? Por quê? Apresente no mínimo três argumentos.

直説法過去未来形

(1) 直説法過去未来形の活用

直説法過去未来形の活用は，動詞の不定詞に次の活用語尾を付加して作ります。

第1活用動詞（-ar） 第2活用動詞（-er） 第3活用動詞（-ir）	-ia -ias -ia -íamos -íeis -iam

実際に活用させてみましょう。

	第1活用動詞 FALAR	第2活用動詞 ENTENDER	第3活用動詞 PARTIR
1人称単数形	falaria	entenderia	partiria
2人称単数形	falarias	entenderias	partirias
3人称単数形	falaria	entenderia	partiria
1人称複数形	falaríamos	entenderíamos	partiríamos
2人称複数形	falaríeis	entenderíeis	partiríeis
3人称複数形	falariam	entenderiam	partiriam

直説法過去未来形は，次の3つの動詞（およびこれらの動詞から派生した動詞）を除くと全て規則的に活用します。次の3つの動詞についても，語中の-ze-が取り除かれるだけで活用語尾自体は同じです。

	FAZER	DIZER	TRAZER
1人称単数形	faria	diria	traria
2人称単数形	farias	dirias	trarias
3人称単数形	faria	diria	traria
1人称複数形	faríamos	diríamos	traríamos
2人称複数形	faríeis	diríeis	traríeis
3人称複数形	fariam	diriam	trariam

(2) 直説法過去未来形の用法

①過去から見た未来を表します。

　直説法未来形が現在に視点を置いた未来であるのに対して、直説法過去未来形は過去のある時点に視点を置いた未来です。この過去未来形がよく用いられるのは、次のように主節の動詞が直説法の過去時制（完了過去、半過去など）で、その過去の時点から見た未来の事柄を従属節で述べるような場合です。

O piloto disse: – Eu serei campeão do mundo.

O piloto disse que (ele) seria campeão do mundo.

＊従属節の事柄が、発話時から見てもまだ未来のことであれば、過去未来形の代わりに未来形を用いることもあります。

　O piloto disse que (ele) será campeão do mundo.

　直説法未来形の用例と比較してみましょう。

未来　　：Eu prometo que te amarei pelo resto da minha vida e te farei a mulher mais feliz do mundo. Darei todo o conforto e amor que puder.

過去未来：Eu prometi que te amaria pelo resto da minha vida e te faria a mulher mais feliz do mundo. Disse também que daria todo o conforto e amor que pudesse.

未来　　：Eu juro que direi a verdade perante este tribunal. Respeitarei as decisões tomadas pelo júri aqui presente e cumprirei a sentença delegada a mim.

過去未来：Eu jurei que diria a verdade perante este tribunal. Afirmei que respeitaria as decisões tomadas pelo júri aqui presente e cumpriria a sentença delegada a mim.

　従属節の動詞が ir ＋不定詞の未来形の場合、次のような並行関係になります。

未来　　：O piloto diz que vai ser campeão do mundo.

過去未来：O piloto disse que ia ser campeão do mundo.

未来　　：Os moradores não sabem que vai faltar água no bairro por três dias.
過去未来：Os moradores não sabiam que ia faltar água no bairro por três dias.

②条件文中の主節（帰結節）において用いられます。（→第29課：条件文）

　　Se eu fosse você, não confiaria muito nesse site.

　　Se eu tivesse tempo, iria com vocês.

　　＊2つ目の文は，「（実際にはないが）時間があれば，（今）君たちと行くんだけどなあ」，「時間があれば，（明日）君たちと行くんだけどなあ」，「時間があれば，（昨日）君たちと行ったんだけどなあ」のように現在，未来，過去，いずれの解釈でも可能です。しかし，すでに完了した過去の事柄であれば，通常，Se eu tivesse tido tempo, teria ido com vocês のように完了形を用います。

③過去・現在の事柄の推量を表します。

　　Seriam onze horas da noite quando vocês chegaram em casa.

　　Quem seria aquele homem?

④希望・依頼などの婉曲表現に用いられます。

　　Gostaria de falar com o responsável da empresa.

　　＊ポルトガルでは Gostava de falar com o responsável da empresa. のように婉曲表現として gostar の直説法半過去形も使います。

　　＊querer を婉曲表現として用いる場合，Queria falar com o responsável. のように，ブラジルでもポルトガルでも直説法半過去形を用います。

　　Poderia me dar uma informação?

　　＊Podia me dar uma informação? や Pode me dar uma informação? よりも丁寧な言い方になります。現在→半過去→過去未来の順で丁寧さが増します。

文法練習問題

1. 次の動詞を直説法過去未来形に活用させましょう。

	ir	pôr	sair	refazer	predizer
1人称単数形					
2人称単数形					
3人称単数形					
1人称複数形					
2人称複数形					
3人称複数形					

2. 主節の動詞を直説法完了過去形に活用させ全文を書き直しましょう。

   (1) Os policiais garantem que farão todo o possível para prender o suspeito.
   (2) Eu concordo que assim será mais conveniente para todos.
   (3) Eles acham que o novo acordo trará benefícios.
   (4) A empresa anuncia que haverá corte de energia elétrica devido à manutenção.
   (5) Sabemos que o laudo dirá a verdade sobre a morte da vítima.
   (6) Tenho certeza que virão momentos melhores.

3. 主節の動詞を直説法過去未来形に，従属節の動詞を接続法半過去形にして条件文を完成させましょう。

   (1) Se você (querer), eu (casar-se) com você hoje mesmo.
   (2) Se não (haver) poluição, nós não (ter) tantos problemas respiratórios.
   (3) Se não nos (causar) alergia, nós (adotar) gatos abandonados.
   (4) Se os meus pais (deixar), eu (passar) o dia inteiro no meu quarto navegando na internet.
   (5) O que você (fazer) se (poder) recuar no tempo?

コラム18　３つの強調構文

1. Eu <u>é que</u> quero comprar esta casa.
   （私こそがこの家を購入したいと思っています。）
   強調したい要素の後にé queが置かれます。é queの語形は変化しません。
   Esta casa <u>é que</u> eu queria comprar.
   Onde <u>é que</u> você esteve?

2. <u>Sou</u> eu <u>que</u> quero comprar esta casa.
   （この家を購入したいと思っているのは私です。）
   強調したい要素がserとqueの間に挿入されます。serは，通常，que以下の動詞の時制に一致させます。
   <u>Era</u> esta casa <u>que</u> eu queria comprar.
   Quem <u>foi</u> <u>que</u> esteve aqui?

3. Eu quero <u>é</u> comprar esta casa.
   （私が望んでいるのは，この家を購入することです。）
   この構文では，強調されるのはser以下の要素です。serは，先行する動詞の時制に一致させます。
   Queria comprar <u>era</u> esta casa.
   O menino estava <u>era</u> brincando.
   A Maria casou <u>foi</u> com o João.

2012年に創立100周年を迎えたサントスF.C.

26

Lição 27 ブラジルのコーヒー
O café no Brasil

Acredita-se que o café chegou ao norte do Brasil, mais precisamente em Belém, em 1727, trazido da Guiana Francesa para o Brasil pelo Sargento-Mor Francisco de Mello Palheta, a pedido do governador do Maranhão e Grão Pará que o enviara às Guianas com essa missão. Já naquela época, o café possuía grande valor comercial.

No final do século XVIII, a produção cafeeira do Haiti – até então o principal exportador mundial do produto – entrou em crise devido à longa guerra de independência que o país manteve contra a França. Aproveitando-se desse quadro, o Brasil aumentou significativamente a sua produção e, embora ainda em pequena escala, passou a exportar o produto com maior regularidade.

A cultura do café ocupou vales e montanhas, possibilitando o surgimento de cidades e dinamização de importantes centros urbanos por todo o interior do estado de São Paulo, sul de Minas Gerais e norte do Paraná. Ferrovias foram construídas para permitir o escoamento da produção, substituindo o transporte animal e impulsionando o comércio inter-regional de outras importantes mercadorias. O café trouxe grandes contingentes de imigrantes, consolidou a expansão da classe média, a diversificação de investimentos e até mesmo intensificou movimentos culturais. A partir de então o café e o povo brasileiro passam a ser indissociáveis.

*Adaptado do texto "História", retirado do website da ABIC (Associação Brasileira da Indústria de Café) com permissão de uso. http://www.abic.com.br/publique/cgi/cgilua.exe/sys/start.htm?sid=38

語句

Sargento-Mor	［男］上級曹長
a pedido de	…の依頼によって
missão	［女］使命，任務
governador	［男］統治者，（植民地の）総督
aproveitando-se	aproveitar-se (+ de) …を利用する
significativamente	かなり
escala	［女］規模
regularidade	［女］規則正しさ，一定不変
dinamização	［女］活性化
ferrovias	［女］ferrovia 鉄道
escoamento	［男］流出，（商品が）さばけること
impulsionando	impulsionar 押し進める，活気づける
inter-regional	地域間の
mercadorias	［女］mercadoria 商品
contingentes	［男］contingente 割り当て
indissociáveis	indissociável 分離できない

Exercícios sobre o texto

1. Como o café chegou ao Brasil?

2. Por que o café foi importante para a economia e o desenvolvimento da região Sudeste?

3. Você gosta de tomar café? Puro ou com leite? Frio ou quente? Quantas vezes você toma café por dia?

▌直説法大過去単純形・直説法大過去複合形

　直説法大過去には2通りの形式があります。1つは活用語尾を付加する単純形で，もう1つは ter（または haver）の直説法半過去形＋過去分詞で表される複合形です。

27.1　直説法大過去単純形

(1) 直説法大過去単純形の活用

　直説法大過去単純形の活用は，直説法完了過去3人称複数形の語尾-ram を取り，次の語尾を付加して作ります。直説法大過去単純形の活用に例外はありません。

第1活用動詞（-ar） 第2活用動詞（-er） 第3活用動詞（-ir）	-ra　-ras　-ra　-ramos　-reis　-ram

　実際に活用させてみましょう。

	第1活用動詞 FALAR falaram	第2活用動詞 ENTENDER entenderam	第3活用動詞 PARTIR partiram
1人称単数形	falara	entendera	partira
2人称単数形	falaras	entenderas	partiras
3人称単数形	falara	entendera	partira
1人称複数形	faláramos	entendêramos	partíramos
2人称複数形	faláreis	entendêreis	partíreis
3人称複数形	falaram	entenderam	partiram

　全ての動詞において，1人称複数形と2人称複数形にはアクセント記号が付与されますが，上記の表のように第2活用の規則動詞に加えて，次に挙げた ser/ir のように母音が o の場合には，閉音符（ê, ô）が付きます。それ以外の動詞では，不規則動詞も含めて，全て鋭音符（á, é, í）が付きます。

230

	SER/IR	FAZER	ESTAR
1人称単数形	fora	fizera	estivera
2人称単数形	foras	fizeras	estiveras
3人称単数形	fora	fizera	estivera
1人称複数形	fôramos	fizéramos	estivéramos
2人称複数形	fôreis	fizéreis	estivéreis
3人称複数形	foram	fizeram	estiveram

いくつか例を見てみましょう。

Fiquei preocupado com o meu pai, pois ele ainda não me dera notícias.

Ela contou-me que saíra de casa com dezessete anos de idade.

O café foi trazido pelo Sargento-Mor Francisco de Mello Palheta, a pedido do governador que o enviara às Guianas. (L.27)

(2) 直説法大過去単純形の用法

直説法大過去単純形は形式ばった書き言葉で用いられるため，文学作品の地の文などではよく見受けられますが，話し言葉ではもっぱら後述する複合形が用いられます。

①過去の過去を表します。

　直説法大過去（単純形・複合形）は，過去のある時点よりも前に完了した事柄を表す時に用いられます。この用法は，直説法完了過去形との並行関係を理解すれば容易に習得できます。

　すでに見たように，直説法完了過去形では，視点が発話時である現在に置かれますが，直説法大過去形では過去のある時点に視点が置かれます。しかし，それぞれの基準点より前に完了した事柄を表すという点において両者は共通しています。言い換えると，直説法完了過去形が過去であれば，直説法大過去形は過去の過去ということになります。

Quando apareceu a noiva, o noivo já chegara à igreja.

Quando apareceu a noiva, o noivo já tinha chegado à igreja.

②願望などを表す慣用表現に用いられます。

　＊この用法は単純形のみの用法です。

Parece que amanhã não vai chover. – Tomara que não!
Quem me dera que isso fosse verdade!

27.2 直説法大過去複合形

(1) 直説法大過去複合形の活用

　直説法大過去複合形の活用は，ter（または haver）の直説法半過去形＋過去分詞で表現されます。

	ter（haver）の直説法半過去形＋過去分詞	
1人称単数形	tinha (havia)	falado
2人称単数形	tinhas (havias)	falado
3人称単数形	tinha (havia)	falado
1人称複数形	tínhamos (havíamos)	falado
2人称複数形	tínheis (havíeis)	falado
3人称複数形	tinham (haviam)	falado

　複合時制における過去分詞の使用で気を付けなければならないのは次の2点です。
- 2つの過去分詞を持つ動詞では規則形を使用。
- 過去分詞は男性単数形を使用。

　いくつか例を見てみましょう。
　　Eu já tinha entregado o trabalho quando reparei no erro.
　　Quando entrei na sala, os alunos já tinham aberto as janelas.

(2) 直説法大過去複合形の用法

　直説法大過去単純形の用法①に同じ。

文法練習問題

1. 次の動詞を直説法大過去単純形に活用させましょう。

	poder	ver	ter	sair	dizer
1人称単数形					
2人称単数形					
3人称単数形					
1人称複数形					
2人称複数形					
3人称複数形					

2. 直説法大過去の単純形を複合形に活用させましょう。

   Na noite desse dia, Estácio escreveu para Cantagalo dando notícias suas. Do casamento de Helena falou pouco, quase nada. Tudo o descontentava; tanto o que ele fizera e dissera, sem proveito, como o desenlace da situação. Não soubera opor-se com eficácia, nem aplaudir oportunamente.
   ＊Machado de Assis, *Helena*, Rio de Janeiro: Civilização Brasileira, 1977.

3. 括弧内の動詞を直説法完了過去形か直説法大過去複合形に活用させましょう。

   (1) Os meus pais já (sair), quando eu (ligar) para casa.
   (2) Quando eles (chegar) ao hospital, o bebê já (nascer).
   (3) Não estou com sono, pois (dormir) praticamente toda a tarde.
   (4) Ela estava muito irritada porque nada (dar) certo.
   (5) Os empregados não sabiam responder em francês, porque nunca (aprender) na escola.
   (6) A Laura (levar) à polícia a carteira que (encontrar) na rua.
   (7) Ando estudando muito porque (ter) a pior nota da turma.
   (8) Quando eu estava passeando no parque, (reparar) em flores que nunca (ver) antes.

Lição 28

ブラジルの日本移民：最初の数十年間

Imigrantes japoneses no Brasil: primeiras décadas

Desde o desembarque no porto de Santos, no litoral do estado de São Paulo na manhã de 18 de junho de 1908, a adaptação dos primeiros imigrantes japoneses à realidade nas fazendas de café no interior do estado não foi fácil. A alimentação local e a língua portuguesa foram as maiores dificuldades encontradas pelos imigrantes pioneiros.

Além disso, o árduo trabalho na lavoura de café, baixos salários, os ocasionais conflitos com os fazendeiros e a precária assistência das autoridades japonesas que deveriam ampará-los desiludiram os pioneiros japoneses e fizeram com que um sentimento de que teriam sido "enganados" tomasse conta deles. Desiludidos e descontentes, muitos japoneses abandonaram a lavoura, fugindo das fazendas em busca de melhores condições de trabalho em outras fazendas ou na capital paulista.

No entanto, com o passar dos anos, a adaptação dos imigrantes japoneses à nova terra foi sendo alcançada. Sempre com muito esforço entre os imigrantes e sob a tutela do governo japonês, formou-se uma comunidade japonesa no Brasil com fortes laços identitários com o Japão no período pré-guerra.

語句

desembarque	［男］上陸，下船
adaptação	［女］適応，順応
alimentação	［女］食料品，食べ物
árduo	困難な，つらい
ocasionais	ocasional 偶発的な，時折の
precária	precário 不安定な，不十分な
autoridades	［女］autoridade 権威，当局
ampará-los	amparar + os (⇒ L.16)
enganados	enganar だます，欺く
tomar conta de	世話をする，〈感情が〉…を支配する
desiludidos	desiludir 失望させる
alcançada	alcançar 到達する，達成する
tutela	［女］後見，保護，監督
identitários	identitário 同一の，同源の
pré-guerra	戦前（の）

Exercícios sobre o texto

1. Quais foram as primeiras dificuldades vividas pelos imigrantes japoneses pioneiros no Brasil?

2. Você emigraria para fora do Japão para trabalhar? Onde? Por quê?

3. A partir do título "Um dia de trabalho na fazenda de café", escreva na forma de diário um relato sobre sua vida como imigrante (10–15 linhas).

直説法複合未来形・直説法複合過去未来形

直説法の4つの複合時制のうち，直説法複合完了過去形（→第14課）と直説法大過去複合形（→第27課）についてはすでに触れているので，この課では直説法複合未来形と直説法複合過去未来形について見ていきます。

28.1　直説法複合未来形

(1) 直説法複合未来形の活用

直説法複合未来形は，ter（または haver）の直説法未来形＋過去分詞で表されます。

	ter (haver) の直説法未来形＋過去分詞	
1人称単数形	terei (haverei)	falado
2人称単数形	terás (haverás)	falado
3人称単数形	terá (haverá)	falado
1人称複数形	teremos (haveremos)	falado
2人称複数形	tereis (havereis)	falado
3人称複数形	terão (haverão)	falado

すでに述べたように，次の2点に注意しましょう。
- 2つの過去分詞を持つ動詞では規則形を使用。
- 過去分詞は男性単数形を使用。

(2) 直説法複合未来形の用法

①現在から見た未来のある時点までに完結するはずの状況を述べます。
　Até amanhã terei feito tudo isso.
　Daqui a uma hora a faxineira já terá arrumado a casa toda.
　Quando ele chegar ao cinema, o filme já terá acabado.
　＊直説法複合未来形は書き言葉での使用が多く，話し言葉ではほとんど使用されません。話し言葉では，Quando ele chegar ao cinema, o filme já acabou. のように直説法

完了過去形を用いることがあります。

②直説法完了過去で表される事柄を推量して述べます。

Há muitas pessoas na rua. Terá acontecido um acidente?

Onde terei deixado os meus óculos?

＊②の推量を表す疑問文の場合，話し言葉では，será que＋完了過去形を用いることができます。

Será que aconteceu um acidente?

Onde será que eu deixei os meus óculos?

28.2 直説法複合過去未来形

(1) 直説法複合過去未来形の活用

直説法複合過去未来形は，ter（または haver）の直説法過去未来形＋過去分詞で表されます。

	ter（haver）の直説法過去未来形＋過去分詞
1人称単数形	teria (haveria) falado
2人称単数形	terias (haverias) falado
3人称単数形	teria (haveria) falado
1人称複数形	teríamos (haveríamos) falado
2人称複数形	teríeis (haveríeis) falado
3人称複数形	teriam (haveriam) falado

過去分詞に関する注意点はすでに述べた通りです。

(2) 直説法複合過去未来形の用法

①過去から見た未来のある時点までに完結するはずの状況を述べます。

O engenheiro disse que à meia-noite já teria acabado o trabalho.

②直説法大過去で表される事柄を推量して述べます。

O que teria acontecido quando o cantor resolveu mudar de país?

Segundo a polícia, a vítima teria caído da moto e acabou atropelada pelo ônibus.
＊②の推量を表す疑問文の場合，話し言葉では，será que＋大過去複合形を用いることができます。
O que será que tinha acontecido quando o cantor resolveu mudar de país?
Será que o motorista tinha dormido quando perdeu o controle do veículo?

　　直説法複合過去未来と直説法大過去は，過去のある時点よりも前に完了している点で共通しています。次の例で両者の違いを見てみましょう。複合過去未来の文では，「運転手は眠ってしまっていたに違いない」あるいは「運転手は眠ってしまっていたのだろう」のように推量を表すのに対して，大過去形の文では，「運転手は眠ってしまっていた」という事実を表しています。
複合過去未来：O motorista teria dormido quando perdeu o controle do veículo.
大過去　　　：O motorista tinha dormido quando perdeu o controle do veículo.

③過去の事実に反する条件文中の主節（帰結節）において用いられます。
（→第29課：条件文）
Se eu tivesse visto o trailer, não teria assistido ao filme.
Se eles tivessem estudado mais, teriam obtido melhores resultados.

文 法 練 習 問 題

1. 括弧内の動詞を適切な直説法の複合時制（完了過去形，大過去形，複合未来形，複合過去未来形）に活用させましょう。

    (1) Quando chegar o último dia do mês, eu já (gastar) todo o meu salário.
    (2) O que esses estudantes estrangeiros (fazer) desde que chegaram ao Brasil?
    (3) Se eles não tivessem me acompanhado, nós não (chegar) até aqui.
    (4) Quando eu nasci, os meus avós já (morrer).
    (5) Se tivesse chovido mais forte, (cair) as árvores.
    (6) Até o fim deste ano os artistas (vir) ao nosso país.
    (7) A empregada já (abrir) a porta quando o carteiro tocou a campainha.
    (8) Um colega meu (ganhar) muito dinheiro desde que mudou de emprego.
    (9) Daqui a uma hora nós já (escrever) os relatórios.
    (10) Se eu tivesse posto os óculos, (ver) melhor o show.
    (11) Ontem à noite reparei que (deixar) o meu passaporte em casa.

コラム 19

感 嘆 文

　驚き，喜び，悲しみなどの感情を表す感嘆文は，通常，1～3のように疑問詞で始まり，文末に感嘆符が付加されます。

1. **Que ＋名詞・形容詞・副詞**
　　Que horror! Que saco! Que coincidência!
　　Que delícia é tomar uma cerveja bem gelada!
　　Que lindos são os seus olhos!
　　Que bem canta o passarinho!

2. **Como ＋（主語）＋動詞**
　　Como é difícil ser pai!
　　Como o tempo passa rápido!

3. **Quanto ＋（名詞）＋（主語）＋動詞**
　　Quanto eles gastaram nessa viagem!
　　Quantos reais você ganhou na loteria!

＊平叙文でもイントネーションによっては感嘆文として用いられます。
　Você tem toda razão! Essa é boa! Isso não está certo!
＊驚き，喜び，悲しみなどの感情を表す間投詞にも感嘆符が付加されます。
　Bravo! Silêncio! Atenção! Nossa! Meu Deus! Cuidado! Coitado! Puxa! Bem feito!
＊命令文や祈願文にも感嘆符が付加されます。
　Fiquem quietos! Não me diga! Deus o abençoe! Tomara que seja aprovado no vestibular!

日本移民ブラジル上陸記念碑（サントス市）

赤い鳥居と提灯型の街灯が立ち並ぶサンパウロ市の東洋人街

Lição 29

ブラジル文学：「近代芸術週間」

Literatura brasileira
–A Semana de Arte Moderna–

A chamada Semana de Arte Moderna, ou Semana de 22, realizada no Teatro Municipal de São Paulo em fevereiro de 1922, foi um grande marco no cenário artístico do Brasil. Este evento teve como pano de fundo o conturbado momento do país, que se revelava ansioso pelas mudanças nas esferas política, econômica, social e cultural.

A Semana de 22 reuniu jovens poetas, artistas plásticos e músicos, que aspiravam pela renovação das artes nacionais sob a influência das vanguardas europeias mal assimiladas. Descontente com os velhos padrões estéticos ainda vigentes no país, o jovem grupo "modernista" tentou divulgar os novos ideais durante uma semana, por meio de conferências, recitais, declamação de poemas e exposição de quadros. A plateia não compreendeu "as novidades" ali apresentadas de uma forma radical e agressiva e reagiu com vaias e gritos. Na verdade, os próprios organizadores e participantes do evento estavam confusos nas suas ideias e não tinham nem projetos coerentes definidos.

Após o evento, os adeptos do modernismo fundaram revistas, elaboraram manifestos e publicaram obras, tentando concretizar assim as novas formas de criação. Podemos dizer, para resumir, que embora não tivesse indicado claramente o rumo a ser seguido, a Semana de 22 conseguiu sacudir as artes nacionais estagnadas, ajudando a acelerar as suas transformações.

語句

municipal	地方自治の，市営の，町営の
pano de fundo	背景，背後事情
conturbado	混乱した
aspiravam	aspirar (+ a) …を熱望する
vanguardas	［女］vanguarda 前衛（芸術）
assimiladas	assimilar 同化する，吸収する
padrões	［男］padrão 基準，模範
estéticos	estético 美学上の，美的な
vigentes	vigente 有効な，効力のある
por meio de	…によって
recitais	［男］recital リサイタル
plateia	［女］聴衆，観衆，観客
vaias	［女］vaia やじ，ブーイング
coerentes	coerente 筋の通った，首尾一貫した
adeptos	［男］adepto 信奉者，賛成者
estagnadas	estagnar 停滞させる

Exercícios sobre o texto

1. Pesquise sobre os acontecimentos mais importantes do ano de 1922 no Brasil.

2. O que os jovens artistas tentaram fazer durante a Semana de 22?

3. Pesquise quais foram os principais personagens da Semana de 22.

4. O que a Semana de 22 representou para as artes no Brasil?

接続法完了過去形・接続法大過去形・接続法複合未来形

接続法の複合時制は，接続法の単純時制と次のような対応関係にあることを踏まえて，それぞれの複合時制について見ていきましょう。

接続法・単純時制	接続法・複合時制
現在形（fale）	完了過去形（tenha falado）
半過去形（falasse）	大過去形（tivesse falado）
未来形（falar）	複合未来形（tiver falado）

29.1 接続法完了過去形

(1) 接続法完了過去形の活用

接続法完了過去形は，ter（またはhaver）の接続法現在形＋過去分詞で表されます。

	ter（haver）の接続法現在形＋過去分詞	
1人称単数形	tenha（haja）	falado
2人称単数形	tenhas（hajas）	falado
3人称単数形	tenha（haja）	falado
1人称複数形	tenhamos（hajamos）	falado
2人称複数形	tenhais（hajais）	falado
3人称複数形	tenham（hajam）	falado

(2) 接続法完了過去形の用法

接続法完了過去形は，主節の動詞が直説法現在形，直説法未来形，および命令を表す接続法現在形で，ある事柄がすでに完了したことを従属節で述べる場合に用いられます。

接続法現在形の用例と比較してみましょう。

Espero que você passe no concurso público.
Espero que você tenha passado no concurso público.

Duvido que a prefeitura compre esse terreno.
Duvido que a prefeitura tenha comprado esse terreno.

É uma pena que os turistas não visitem o Pantanal.
É uma pena que os turistas não tenham visitado o Pantanal.

Mesmo que você regresse ao seu país, mantenha contato.
Mesmo que você já tenha regressado ao seu país, mantenha retomemos contato.

A empresa está procurando um japonês que estude no Brasil.
A empresa está procurando um japonês que tenha estudado no Brasil.

É bem provável que em breve termine a greve. Daqui a pouco talvez os professores comecem a reposição das aulas.
Talvez os professores já tenham começado a reposição das aulas na semana passada.

29.2 接続法大過去形

(1) 接続法大過去形の活用

接続法大過去形は，ter（またはhaver）の接続法半過去形＋過去分詞で表されます。

	ter (haver) の接続法半過去形＋過去分詞	
1人称単数形	tivesse (houvesse)	falado
2人称単数形	tivesses (houvesses)	falado
3人称単数形	tivesse (houvesse)	falado
1人称複数形	tivéssemos (houvéssemos)	falado
2人称複数形	tivésseis (houvésseis)	falado
3人称複数形	tivessem (houvessem)	falado

(2) 接続法大過去形の用法

　接続法大過去形は，主節の動詞が直説法のいずれかの過去時制（完了過去，半過去，過去未来など）で，ある事柄が完了したことを従属節で述べる場合に用いられます。

　接続法半過去形の用例と比較してみましょう。

　　　Esperava que ele aprendesse a lição da vida.
　　　Esperava que ele tivesse aprendido a lição da vida.

　　　Duvidei que você desse a notícia para os colegas.
　　　Duvidei que você tivesse dado a notícia para os colegas.

　　　Seria melhor que o jogador saísse do campo.
　　　Seria melhor que o jogador tivesse saído do campo.

　　　Embora eu não entendesse quase nada do assunto, decidi aceitar a proposta.
　　　Embora eu não tivesse entendido quase nada do assunto, decidi aceitar a proposta.

　　　Os professores estavam procurando alguém que estivesse no Brasil.
　　　Os professores estavam procurando alguém que tivesse estado no Brasil.

　　　Muitas pessoas cuidam do cachorro como se fosse filho.
　　　O rosto dele estava inchado como se tivesse levado um soco.

29.3　接続法複合未来形

(1) 接続法複合未来形の活用

　接続法複合未来形は，ter（または haver）の接続法未来形＋過去分詞で表されます。

	ter (haver) の接続法未来形＋過去分詞	
1人称単数形	tiver (houver)	falado
2人称単数形	tiveres (houveres)	falado
3人称単数形	tiver (houver)	falado
1人称複数形	tivermos (houvermos)	falado
2人称複数形	tiverdes (houverdes)	falado
3人称複数形	tiverem (houverem)	falado

(2) 接続法複合未来形の用法

接続法複合未来形は，従属節で表される未来の事柄が主節の動詞よりも前に完了することを表す場合に用いられます。接続法未来形と比較すると「〜し終える」という意味がよりはっきりします。

接続法未来形の用例と比較してみましょう。

　　Vou avisar quando postar novidades no meu blog.
　　Vou avisar quando tiver postado novidades no meu blog.

　　Só me sentirei aliviada quando entregar todos os relatórios.
　　Só me sentirei aliviada quando tiver entregado todos os relatórios.

　　Assim que os senhores transferirem o dinheiro para a minha conta, me liguem, por favor.
　　Assim que os senhores tiverem transferido o dinheiro para a minha conta, me liguem, por favor.

　　Enquanto vocês não acabarem de fazer os exercícios, não poderão sair daqui.
　　Enquanto vocês não tiverem acabado de fazer os exercícios, não poderão sair daqui.

29.4　条件文 – 接続詞 se の場合

(1) 仮定を含む条件文

①現在の事柄に反する仮定（未来の事柄に対する強い疑念も含む）

従属節（条件節）	主節（帰結節）
接続法半過去 Se falasse	直説法過去未来（または直説法半過去） falaria（または falava）

＊とりわけ話し言葉では，ブラジルでは主節の動詞に直説法過去未来形がよく用いられますが，ポルトガルでは直説法半過去形が好まれます。

Se eu tivesse tempo, viajaria pela Europa.
O que você faria se lhe oferecessem um milhão de dólares?
Se eu não visse com os meus próprios olhos, não acreditaria.
Chegaríamos tarde se não chamássemos um táxi.
Se chovesse hoje à noite, seriam cancelados os jogos.

②過去の事柄に反する仮定

従属節（条件節）	主節（帰結節）
接続法大過去 Se tivesse falado	直説法の複合過去未来（または大過去複合形，過去未来，半過去） teria falado（または tinha falado, falaria, falava）

＊とりわけ話し言葉では，ブラジルでは主節の動詞に直説法複合過去未来形がよく用いられますが，ポルトガルでは直説法大過去複合形が好まれます。

Se eu tivesse tido tempo, teria viajado pela Europa.
O que você teria feito se lhe tivessem oferecido um milhão de dólares?
Se eu não tivesse visto com os meus próprios olhos, não teria acreditado.
Teríamos chegado tarde, se não tivéssemos chamado um táxi.
Se tivesse chovido ontem à noite, teriam sido cancelados os jogos.

③未来の事柄に関する仮定

従属節（条件節）	主節（帰結節）
接続法未来 Se falar	直説法の未来（またはir＋不定詞の未来，直説法現在，命令を表す接続法現在） falarei（またはvou falar, falo, fale）

＊話し言葉では，従属節（条件節）の接続法未来形に代わって直説法現在形が用いられることがあります。

Se tiver tempo, viajarei pela Europa.

O que você fará, se lhe oferecerem um milhão de dólares?

Se eu não vir com os meus próprios olhos, não vou acreditar.

Chegaremos tarde, se não chamarmos um táxi.

Se chover hoje à noite, serão cancelados os jogos.

Se você tiver qualquer dúvida, não hesite em contactar-nos.

＊従属節に接続法半過去形が用いられる文と比較すると，接続法未来形の文では，ある事柄が実現される可能性が十分にあることになります。
Se você for, eu também irei (vou). (もし君が行くなら僕も行くだろう)
Se você fosse, eu também iria. ((君は行かないとは思うが) 仮に君が行くのであれば僕も行くのだが)

(2) 仮定を含まない条件文

従属節（条件節）に直説法の時制が用いられることがあります。この場合，仮定の意味合いが薄れ，文脈によっては原因や対比を表すこともあります。

Se a sua mãe está trabalhando agora, deixe um recado.

Por que será que não pedi o número da Marina, se a vi ontem?

Se ele é um brilhante aluno hoje, é porque se esforçou muito.

Se a cortesia e sobriedade podem ser características intrínsecas aos japoneses, o calor humano e a hospitalidade são algumas das características do povo brasileiro.

文法練習問題

1. 括弧内の動詞を適切な接続法の複合時制（完了過去形・大過去形・複合未来形）に活用させましょう。

    (1) Quando (acabar) a revisão, entrarei em contato com a editora.
    (2) Embora não (receber) nenhuma confirmação por escrito, ele não estava nada preocupado.
    (3) É bem provável que os senhores já (ver) essa exposição.
    (4) Voltem para casa assim que (fazer) o estágio.
    (5) Sinto que eles (perder) muito dinheiro com a crise econômica.
    (6) É bom que as chuvas (trazer) mais benefícios do que prejuízos para a ilha.
    (7) Isso vai ser resolvido depois que nós (escrever) o livro.
    (8) Mesmo que (insistir) muito, não obtivemos nenhuma resposta convincente.
    (9) Ficarei aqui até que vocês (tomar) uma decisão justa para todos.

2. 次の例にならって，se を使った条件文に書き換えましょう。

    ①現在＋現在
    　Você trabalha muito, por isso passa pouco tempo com o seu filho.
    →Se você trabalhasse menos, passaria mais tempo com o seu filho.
    ②過去＋過去
    　O nosso time jogou mal, por isso perdeu.
    →Se o nosso time tivesse jogado bem, não teria perdido.
    ③現在＋過去
    　Eu não sou rico, por isso não comprei uma Ferrari.
    →Se eu fosse rico, teria comprado uma Ferrari.
    ④過去＋現在
    　Elas não trouxeram os binóculos, por isso veem mal.
    →Se elas tivessem trazido os binóculos, veriam bem.

    (1) Ontem nós acordamos tarde, por isso chegamos atrasados.
    (2) Eu já tomei antibiótico, por isso não sinto dor na garganta.

(3) Faltei à aula ontem, por isso perdi a prova.
(4) O seu trabalho é estressante, por isso você fuma muito.
(5) O Daniel desistiu de viajar, porque ele não sabe dirigir.
(6) Elas moram longe, por isso vêm poucas vezes aqui.
(7) Os meus primos instalaram a câmara de vigilância, por isso identificaram o ladrão.
(8) Eu não fui ao restaurante com eles, porque não gosto de comida árabe.
(9) O João trabalhou pouco este ano, por isso não tem muito dinheiro.
(10) Nós bebemos muito vinho, por isso estamos de ressaca.

Lição 30 — 今日のブラジル：大学のクォータ制

O Brasil atual
−O sistema de cotas universitárias no Brasil−

Por último, trataremos de um dos tópicos mais atuais do Brasil – o sistema de cotas universitárias, que faz parte da política de ação afirmativa, implantada, pela primeira vez, nos Estados Unidos para amenizar a desigualdade socioeconômica entre brancos e negros.

No Brasil, desde o final da década de 1990, vem se discutindo publicamente a possibilidade de adoção de cotas raciais e sociais. No começo do século corrente, algumas universidades, com destaque para a Universidade de Brasília, começaram a reservar certas vagas em vestibular para candidatos negros e/ou de baixa renda para promover a inclusão social.

Em agosto de 2012, foi sancionada pelo governo federal a lei nº 12.711, conhecida como a "Lei de Cotas", que obriga as universidades federais a reservar a metade das vagas para os alunos oriundos das escolas públicas, havendo ainda a subdivisão com base em critérios de renda e raça/etnia.

A lei tem suscitado debates ainda mais calorosos entre favoráveis e contrários sobre o sistema de cotas. É um sistema visto por alguns como uma "reparação histórica" do passado escravista e por outros como uma nova forma de discriminação.

Para discutirmos sobre este tema polêmico, é importante que leiamos e nos informemos bastante sobre o assunto e compreendamos os pontos positivos e negativos deste sistema.

語句

cotas	［女］cota 割当て，分け前
universitárias	universitário 大学の
ação afirmativa	アファーマティブ・アクション
implantada	implantar 導入する，設置する
raciais	racial 人種の
corrente	現在の
destaque	［男］傑出，目立つ人（もの）
vagas	［女］vaga 空席，空き
vestibular	［男］〈主に大学の〉入学試験
inclusão social	社会的包摂（ソーシャル・インクルージョン）
sancionada	sancionar 承認する
suscitado	suscitar 引き起こす
calorosos	caloroso 熱のこもった
reparação	［女］修正，埋め合わせ
escravista	奴隷制支持・保持の
polêmico	論争（上）の，議論の余地のある

Exercícios sobre o texto

1. A partir da leitura da lição, explique o que significa o sistema de cotas.

2. Por que a lei tem suscitado debates no governo e na opinião pública no Brasil?

3. Você é favorável ou contrário a este sistema nas Universidades? Escreva uma redação (mínimo de 15 linhas), justificando o seu ponto de vista.

話法

(1) 直接話法と間接話法

　話法には，直接話法と間接話法の他に，描出話法という直接話法と間接話法の中間的な特徴を備えた話法もありますが，ここでは時制の一致に関する理解を深める目的で直接話法と間接話法のみを扱います。
　直接話法とは，話者が伝達内容をそのまま伝える方法です。

　　　A Ana disse: – Estou resfriada.
　　　Um desconhecido me perguntou: – O senhor tem horas?
　　　Eu sempre lhes dizia: – Fiquem quietos e prestem atenção!

　一方，間接話法とは，話者が伝達内容を話者の言葉に直して間接的に引用する方法です。

　　　A Ana disse que estava resfriada.
　　　Um desconhecido me perguntou se (eu) tinha horas.
　　　Eu sempre lhes dizia que ficassem quietos e prestassem atenção.

(2) 直接話法から間接話法への転換

　伝達される部分が平叙文，疑問文，命令文の場合に分けて見ていきます。

平叙文

　以下の手順で直接話法を間接話法に変換します。
- 伝達動詞に dizer, afirmar, responder などを使用。
- 符号（コロン，ダッシュ，引用符など）を削除。
- 接続詞 que を挿入。
- 人称，時制，その他（副詞・指示詞など）を変化。

　①人称の変化
　　伝達者の立場から人称を変える必要があります。具体例をいくつか見てみましょう。

| 直接 | Eu disse ao aluno: – Eu não tenho tempo. |
| 間接 | Eu disse ao aluno que (eu) não tinha tempo. |

| 直接 | Eu disse ao aluno: – Você tem razão. |
| 間接 | Eu disse ao aluno que ele tinha razão. |

| 直接 | Ele me disse: – Eu não tenho dinheiro nenhum. |
| 間接 | Ele me disse que (ele) não tinha dinheiro nenhum. |

| 直接 | Ele me disse: – Você tem toda a razão. |
| 間接 | Ele me disse que eu tinha toda a razão. |

| 直接 | Você me disse: – Eu tenho azar. |
| 間接 | Você me disse que (você) tinha azar. |

| 直接 | Vocês me disseram: – Nós não temos certeza. |
| 間接 | Vocês me disseram que (vocês) não tinham certeza. |

②時制の変化

　伝達動詞の時制によって被伝達部の時制が変化します。

i）伝達動詞が直説法の現在または未来時制の場合
　　被伝達部の時制は変わりません。

| 直接 | Ele me diz: – Eu sou feliz. |
| 間接 | Ele me diz que ele é feliz. |

| 直接 | Você responderá: – Não ouvi nada. |
| 間接 | Você responderá que não ouviu nada. |

ii）伝達動詞が直説法の過去時制の場合
　　被伝達部の時制を次のように変えます。

	直接話法	間接話法
a)	直説法現在	直説法半過去
b)	直説法半過去	直説法半過去
c)	直説法完了過去	直説法大過去
d)	直説法未来	直説法過去未来
e)	直説法過去未来	直説法過去未来
f)	接続法現在	接続法半過去
g)	接続法未来	接続法半過去

a)
直接　Ela disse: – Estou cansada e estressada.
間接　Ela disse que (ela) estava cansada e estressada.

b)
直接　Ela disse: – O trabalho era cansativo e estressante.
間接　Ela disse que o trabalho era cansativo e estressante.

c)
直接　Ela disse: – A Regina fez 20 anos.
間接　Ela disse que a Regina tinha feito 20 anos.

d)
直接　Ele disse: – Eu irei à pizzaria e trarei duas pizzas.
間接　Ele disse que (ele) iria à pizzaria e traria duas pizzas.

e)
直接　Ela disse: – Seria ótimo.
間接　Ela disse que seria ótimo.

f)
直接　Ela disse: – Caso haja algum problema, avisarei.
間接　Ela disse que caso houvesse algum problema, avisaria.

g)
直接　Ele disse: – Se puder, farei tudo de novo.
間接　Ele disse que se pudesse, faria tudo de novo.

③その他の変化

　状況に応じて場所や時間を表す語を変える必要があります。具体例をいくつか挙げてみましょう。

	直接話法	間接話法
a)	aqui, aí, cá	ali, lá
b)	este/esse, isto/isso	aquele, aquilo
c)	ontem, amanhã	no dia anterior, no dia seguinte

a)	直接	Ela disse: – Passei este fim de semana aqui.
b)	間接	Ela disse que (ela) tinha passado aquele fim de semana ali.

c)	直接	Ela disse: – Não saí de casa ontem.
	間接	Ela disse que (ela) não tinha saído de casa no dia anterior.

疑問文

以下の手順で直接話法を間接話法に変換します。
- 伝達動詞に perguntar, indagar, interrogar などを使用。
- 符号（コロン，ダッシュ，引用符，疑問符など）を削除。
- 疑問詞で始まらない疑問文では接続詞 se を挿入。疑問詞で始まる文では疑問詞を残し，つなぎの語として使用。
- 人称，時制，その他（副詞・指示詞など）を変化。

直接	Ele me pergunta: – Você vai comigo?
間接	Ele me pergunta se eu vou com ele.

直接	Ela me perguntou: – Você já viu esse homem?
間接	Ela me perguntou se eu já tinha visto aquele homem.

直接	Ela me perguntou: – Onde você pôs a sua carteira?
間接	Ela me perguntou onde eu tinha posto a minha carteira.

命令文

以下の手順で直接話法を間接話法に変換します。
- 伝達動詞に dizer, mandar, ordenar, aconselhar, pedir などを使用。
- 符号（コロン，ダッシュ，引用符，感嘆符など）を削除。

- 接続詞 que を挿入。
- 人称，時制，その他（副詞・指示詞など）を変化。

直接	Ele me diz: – Cumpra o seu dever!
間接	Ele me diz que cumpra o meu dever.
	Ele me diz para cumprir o meu dever.

直接	O professor nos disse: – Façam silêncio!
間接	O professor nos disse que fizéssemos silêncio.
	O professor nos disse para fazermos silêncio.

＊上記の例のように，伝達動詞がいずれの時制でも，被伝達部を para +（人称）不定詞で表現することも可能です。

＊伝達動詞が mandar の場合は，mandar +目的語+不定詞，または mandar +目的語（人称不定詞句）の形がよく用いられます。（→第 25 課：人称不定詞）

O professor mandou-os estudar mais.

O professor mandou os alunos/eles estudarem mais.

文 法 練 習 問 題

1. 次の直接話法を間接話法に変換しましょう。

　(1)　A aluna diz para mim: – Já estou entendendo tudo.
　(2)　O meu professor me diz: – Você fez só um erro na redação.
　(3)　O Rodrigo me disse: – Eu vi os seus irmãos no consulado.
　(4)　Eu respondi: – Não haverá nenhum voo disponível.
　(5)　Os nossos professores nos disseram: – Vocês poderão sair da sala depois que terminarem os exercícios.
　(6)　A minha treinadora afirmou: – Tudo vai dar certo.
　(7)　A mãe disse ao filho: – Quando você sair de casa, não se esqueça de levar o guarda-chuva.
　(8)　"Quanto custou o conserto do seu carro?", quis saber a caçula.
　(9)　O meu amigo me perguntou: – Você já entregou o relatório?
　(10)　"Não podemos dar uma volta aqui dentro do parque?", perguntaram os turistas.
　(11)　"Onde as senhoras pagaram?", perguntou-nos o funcionário.
　(12)　O homem pede ao garçom: – Traga a conta.
　(13)　A mãe disse aos meninos: – Fiquem quietos e parem de gritar!
　(14)　O médico pediu à enfermeira: – Faça o exame e entregue o resultado do paciente até o meio-dia.

コラム 20

州の名称とその形容詞

ブラジルの州名とその形容詞形は次の通りです。

州名（日本語）	州 名	形容詞
アマゾナス州	(o) Amazonas	amazonense
パラ州	(o) Pará	paraense
ロンドニア州	Rondônia	rondoniense, rondoniano
アクレ州	(o) Acre	acreano
ロライマ州	Roraima	roraimense
アマパ州	(o) Amapá	amapaense
トカンチンス州	Tocantins	tocantinense
マラニャン州	(o) Maranhão	maranhense
ピアウイ州	(o) Piauí	piauiense
パライバ州	(a) Paraíba	paraibano
ペルナンブコ州	Pernambuco	pernambucano
バイア州	(a) Bahia	baiano
アラゴアス州	Alagoas	alagoano
リオ・グランデ・ド・ノルテ州	(o) Rio Grande do Norte	norte-rio-grandense, rio-grandense-do-norte
セアラ州	(o) Ceará	cearense
セルジッペ州	Sergipe	sergipano
ゴイアス州	Goiás	goiano
マット・グロッソ州	Mato Grosso	mato-grossense
マット・グロッソ・ド・スル州	Mato Grosso do Sul	sul-mato-grossense, mato-grossense-do-sul
サンパウロ州	São Paulo	paulista
リオ・デ・ジャネイロ州	(o) Rio de Janeiro	fluminense
ミナス・ジェライス州	Minas Gerais	mineiro
エスピリト・サント州	(o) Espírito Santo	espírito-santense, capixaba
パラナ州	(o) Paraná	paranaense
サンタ・カタリナ州	Santa Catarina	catarinense
リオ・グランデ・ド・スル州	(o) Rio Grande do Sul	sul-rio-grandense, gaúcho, rio-grandense-do-sul

付録1．この本に出てくる語句

語句	意味
A	
à base de	…をもとにして，主成分として
à força	力づくで，強制的に
a partir de	…以降
a pedido de	…の依頼によって
ação afirmativa	アファーマティブ・アクション
acessível	近づきやすい，入手しやすい
adaptação	［女］適応，順応
adepto	［男］信奉者，賛成者
afiliar	加入させる，提携させる
afirmação	［女］断言，主張
afro-brasileiro	アフロブラジルの
agitado	エネルギッシュな，活発な
alcançar	到達する，達成する
além de	…の他に
além-mar	［男］海外（領）
alemão	［男］［形］ドイツ人・語，ドイツ（人・語）の
alimentação	［女］食料品，食べ物
amazonense	アマゾナス州の
ameno	穏やかな，快適な
amistoso	親しげな，友好的な
ampará-los	amparar + os（⇒ L.16）
animado	(+a・para+不定詞)…しようと張り切った，意気込んだ
antídoto	［男］解毒剤，解決方法，対応策
ao longo de	…にわたる
ao vivo	生放送で
apaixonado	情熱的な
aparato	［男］器具
apesar de	…にもかかわらず
aproveitar-se	(+de)…を利用する
árduo	困難な，つらい
arquitetônico	建築上の，建築術の
artilheiro	［男］（サッカーの）ストライカー
ascendência	［女］血統，先祖
aspirar	(+a)…を熱望する
assimilar	同化する，吸収する
atividade	［女］活動
atração	［女］魅力，呼び物
atrativo	［男］魅力（あるもの）
atual	現在の，最新の
auge	［男］絶頂，最盛期
aumentar	増大する，深刻化する
autoridade	［女］権威，当局
B	
baiano	バイア州の
base	［女］ベース，基盤
batucada	［女］バトゥカーダ〈打楽器のみの演奏〉
berimbau	［男］ベリンバウ〈カポエイラで使用される楽器〉
bioma	［男］生物群系，バイオーム
bloco	［男］塊，一組，ブロッコ〈カーニバルの団体〉
bomba	［女］（ボールやタイヤの）空気入れ，ボンバ〈マテ茶用のこし器付きストロー〉
bombacha	［女］ボンバシャ〈ガウショが用いる全体的に太く，足首で括られたズボン〉
bovino	牛の
britânico	［男］［形］英国の（人）
C	
cada vez	その度ごとに
cafeicultura	［女］コーヒー栽培
caloroso	熱のこもった
cana-de-açúcar	［女］サトウキビ
canto	［男］隅，角
capital	［女］首都，州都，主都
característico	特徴的な，特有の
característica	［女］特徴，特色
carregado	(+de)…で一杯の
carro alegórico	（パレードなどの）山車
cartão de visita	名刺
caseiro	家の，自家製の
celebração	［女］祝賀（会），祝典
Centro-Oeste	［男］中西部
centro	［男］中心（地）
cerca de	およそ…
Cerrado	［男］セラード
certo	確かな，一定の，いくらかの
churrasco	［男］シュラスコ〈肉の塊を大きな鉄串に刺して炭火で焼いたもの〉
chuteira	［女］サッカーシューズ
chuvoso	雨の，雨の多い
ciclo	［男］周期，（経済）サイクル

261

citar	言及する，引用する	desabitado	人の住んでいない
coerente	筋の通った，首尾一貫した	descendente	[男・女] 子孫
colonial	植民地の	descoberta	[女] 発見
comercial	商業・貿易・通商(上)の	desembarque	[男] 上陸，下船
compor	構成する	desenvolver	成長・発展させる
comumente	通常，一般に	desenvolvido	発展した，先進の
concentração	[女] 集中，集結	desfile	[男] 行列，パレード
concentrar	集める	desigual	等しくない，不均衡な
concomitantemente	(+a)…に付随して，同時に	desiludir	失望させる
		destaque	[男] 傑出，目立つ人(もの)
conforme	…によれば，…にしたがって	destinar	(+a)(+原因を)…に帰する
conquistar	征服する，勝ち取る	destruir	破壊する
consolidação	[女] 強化，統合	dever-se	(+a)(原因を)…に帰する
Constituição	[女] 憲法	devido a	…のために，によって
construir	建設する	dia-a-dia	[男] 日常生活，日々の暮らし
continental	大陸(性)の	dialeto	[男] 地方語，方言
contingente	[男] 割り当て	diário	毎日の，日常の
controvérsia	[女] 論争	dieta	[女] 食事，常食
conturbado	混乱した	dinamização	[女] 活性化
Copa do Mundo	ワールドカップ	disciplina	[女] 規律，訓練
coração	[男] 心臓(部)，中心	discriminar	区別する，差別する
cordão	[男] 紐，列，コルダン〈カーニバルの団体〉	distinto	異なる
		Distrito Federal	連邦区
cor	[女] 色	ditar	指示する，規定する
corrente	現在の	diversidade	[女] 多様性
correto	正しい	diversificar	変化を与える，多様化する
corrida	[女] 走ること，ラッシュ	dividir	分割する
cota	[女] 割当て，分け前	divino	神の
crente	[男・女] 信者	duro	厳しい，過酷な
cristalino	澄んだ，透明の		
crônico	慢性的な	**E**	
cuia	[女] クイア〈ひょうたんで作ったマテ茶用の器〉	ecossistema	[男] 生態系
		ecoturismo	[男] エコツーリズム
curiosidade	[女] 好奇心，興味を引くこと	eixo	[男] 軸，支柱
curioso	好奇心が強い	elaborar	作成する，練り上げる
		eleito	eleger 選ぶ(⇒ L.14)
D		elite	[女] エリート
dali em diante	それ以降	em busca de	…を求めて
de acordo com	…によると	em termos	(+形容詞，+de+名詞)〜に関して，〜の観点から
decisivo	決定的な，明白な		
declínio	[男] 衰退，衰え	emprego	[男] 雇用，仕事
definição	[女] 定義，定義づけ	empréstimo	[男] 借り入れ，貸借
degustar	味をみる，味わう	enchente	[女] 大水，洪水
deixar	残す；(+de+不定詞)…するのをやめる，…せずにいる	enganar	だます，欺く
		engarrafamento	[男] 渋滞
demográfico	人口統計学(上)の	enquadrar-se	(+em)…に合致する
demonstrar	証明する	enriquecer	豊かにする
denominação	[女] 命名，名称	ensaio	[男] 練習，リハーサル
densidade	[女] 濃さ，密度	então	当時，その時
dentre	de+entre …の中で	entidade	[女] 団体，機関

equatorial	赤道の
erva-mate	[女] マテ茶
escala	[女] 規模
escoamento	[男] 流出，（商品が）さばけること
escola	[女] 学校，学派；（＋de samba）エスコラ・デ・サンバ，サンバチーム
escravatura	[女] 奴隷貿易，奴隷制
escravidão	[女] 奴隷制
escravista	[男][形] 奴隷制支持・保持の（人）
esfera	[女] 範囲，領域
espanhol	[男][形] スペイン人・語，スペイン（人・語）の
espetáculo	[男] 光景，見世物，ショー
estabelecer-se	居を構える，定着する
estabelecer	確立する，制定する
estagnar	停滞させる
estereótipo	[男] ステレオタイプ，固定概念
estético	美学上の，美的な
estrangeiro	[男][形] 外国の（人）
estrear	デビューする
etnia	[女] 民族
étnico	民族の
europeu	[男][形] ヨーロッパの（人）
ex-atleta	[男・女] 元アスリート・運動選手
excluir	排除する，締め出す
existente	ある，実在する
expansão	[女] 拡大，進出
exposição	[女] 展示，展覧会
extensão	[女] 広がり，面積
exterior	[男] 外部，外国
exuberância	[女] 横溢，豊かさ

F

faixa	[女] 帯，帯状の領域，部分
falante	[男・女] 話者，話す人
familiar	[男][形] 家族の（メンバー）
fantasia	[女] 仮装，衣装
fator	[男] 要因，ファクター
fauna	[女] 動物相
favorecer	優遇する
fazer parte de	…の一部をなす
feijoada	[女] フェイジョアーダ〈黒い豆を豚の脂身や干し肉，ソーセージなどと煮込んだ料理〉
ferrovia	[女] 鉄道

festa junina	フェスタ・ジュニーナ，6月の祭り
Festival Folclórico	フォークロア・フェスティヴァル
festividade	[女] 祝祭，祝いの喜び
fiel	[男・女] 信者
figura	[女] 人物，著名人
físico	物理的な，自然に関する
flora	[女] 植物相
Floresta Amazônica	アマゾン熱帯雨林
fluxo	[男] 流れ
fonte	[女] 泉，源泉
fora de	…の外に
formar	構成する
fronteira	[女] （国・州・地方などの）境界（線）
futebolístico	サッカーの

G

garantir	守る，保証する
garotinho	garoto＋縮小辞（⇒L.20）
garoto-propaganda	[男] 広告塔，看板の存在
gastronomia	[女] ガストロノミー，美食（学）
gaúcho	[男][形] リオ・グランデ・ド・スル州の（人），ガウショ（の）
generalização	[女] 一般化，概括
gênero	[男] ジャンル，様式
globo terrestre	地球
governador	[男] 統治者，（植民地の）総督
governamental	政府の
graça	[女] 恩恵
graças a	…のおかげで

H

habitante	[男] 住民，居住者
harmonioso	調和がとれた
hegemonia	[女] ヘゲモニー，支配権，主導権
herança	[女] 文化遺産，伝統
herdar	受け継ぐ
histórico	歴史的な
humilde	卑しい，貧しい

I

idealizador	[男] 創設者，創案者
identitário	同一の，同源の
idioma	[男] 言語
iguaria	[女] おいしいもの，珍味
imaterial	無形の

imensidão	［女］広大さ，巨大さ	maior	より大きい，（+定冠詞・所有詞）最も大きい
implantar	導入する，設置する		
importar	輸入する	maneira	［女］方法，仕方
impulsionar	押し進める，活気づける	manifestação	［女］表現，現れ
inaugurar	開始する，新しく開く	manutenção	［女］維持，保持
incentivar	刺激する，奨励する	mão de obra	労働力
inclusão social	社会的包摂（ソーシャル・インクルージョン）	marca	［女］目印，特徴
		meado	［男］（期間の）中ごろ
indígena	その土地で生まれた	menor	より小さい，（+定冠詞・所有詞）最も小さい
indissociável	分離できない		
indistintamente	区別なく，分け隔てなく	mercadoria	［女］商品
infraestrutura	［女］インフラ（ストラクチャー）	meridional	南の，南方の
iniciar	始める	mesmo	…であっても，…でさえ
instituto	［男］研究所，学会	mestiçagem	［女］異種族混交
integração	［女］統合，（人種）融合	metrópole	［女］大都市
integrar	統合する	milhar	［男］千の位，（複+de〜）多数の，何千もの…
intensificar	増大する		
inter-regional	地域間の	milhão	［男］100万
interior	［男］内陸部，内側	mina	［女］鉱山，鉱脈，鉱床
interpretar	解釈する	mineiro	［男］［形］ミナス・ジェライス州の（人）
inverno	［男］冬		
iorubá	［男］ヨルバ語	mineração	［女］採鉱，鉱業
		mineral	鉱物の
J		minério	［男］鉱石，原鉱
jazida	［女］鉱脈，鉱床	miscigenação	［女］異種族混交
junto	（+a）…と並んで	missão	［女］使命，任務
jurado	［男］審査員	moldar	形作る
		morro	［男］丘，小山，（丘の中腹にある）スラム
L			
laico	世俗の，非宗教的な	mostrar-se	ふるまう
lar	［男］家庭，家	movimentado	活発な，活気のある
lavoura	［女］栽培，農地	municipal	地方自治の，市営の，町営の
leitão à pururuca	（皮をカリッと香ばしく焼いた）子豚の丸焼き		
		N	
letra	［女］文字，歌詞	nação	［女］国，国家
levar	連れて行く，運ぶ	nativo	［男］先住民
liberto	自由な，自由の身になった	natural	自然の
ligado	（+a）…に関連のある	nível	［男］水準，レベル
limão	［男］レモン	no entanto	しかしながら，とはいえ
linguístico	言語（学）の	Nordeste	［男］北東部
litoral	［男］［形］沿岸（の）	nordestino	［男］［形］北東部の（人）
litorâneo	沿岸の	Norte	［男］北部
livre comércio	自由貿易	Nossa Senhora dos Navegantes	ノッサ・セニョーラ・ドス・ナヴェガンテス〈船乗りの守護聖母を祝う祭り〉
localizar	配置する		
lúdico	遊びの，陽気な		
lusitano	［男］［形］ポルトガルの（人）	nu	裸の
M		**O**	
magnífico	すばらしい，壮大な	o rio Amazonas	アマゾン川

observar	観察する	por excelência	とりわけ，特に
ocasional	偶発的な，時折の	por meio de	…によって
ocorrência	［女］発生	por natureza	生来，本来
ocupar	占める，占有する	por sua vez	por 〜 vez …の順番，出番
Oktoberfest	オクトーバーフェスト〈ドイツのミュンヘンで催される同名の祭りをまねた行事〉	por último	最後に
		possessão	［女］領地，属国
		povoar	居住する
oportunidade	［女］機会	praticar	実践する，行う
orgulhar-se	誇る	prato	［男］皿，料理
origem	［女］起源，由来	pré-guerra	戦前(の)
originário	(＋de)…の出身，生まれ	precário	不安定な，不十分な
oriundo	生まれの	precariedade	［女］不安定さ，不確かさ
ótimo	bom の絶対最上級(⇒ L.10)	predominância	［女］優勢，優位
ou seja	つまり，言い換えれば	predominante	有力な，支配的な
		prejuízo	［男］損害
P		preparar	準備する
padrão	［男］基準，模範	presente	(人が)いる，(物が)存在する
paisagem	［女］風景	primeiro	はじめての，最初の
país	［男］国	principal	主要な
paixão	［女］情熱，愛着	privado	私的な，民間の
paladar	［男］(味の)好み，味覚	Proclamação da República	共和政宣言
pampas	［男］パンパ，(南米の)大草原		
pano de fundo	背景，背後事情	procurar	求める，訪れる
Pantanal	［男］パンタナル(平原)	Produto Interno Bruto	国内総生産
pantaneiro	［男］パンタナルの住民		
paraense	［男］［形］パラ州の(人)	produzir	生産する，引き起こす
Parintins	パリンチンス(アマゾナス州東部の都市)	profano	非宗教的な，世俗的な
		proibir	禁止する
parque temático	テーマパーク	pronunciado	際立った，特徴のある
participante	［男・女］参加者，［形］参加する	próprio	自身の
		prospecção	［女］探鉱
passagem	［女］通行，通過	público	［男］公衆，一般の人々
pato	［男］鴨，アヒル		
patrimônio	［男］遺産，伝承物	**Q**	
paulistano	［男］［形］サンパウロ市の(人)	quimbundo	［男］キンブンド語
pecuária	［女］畜産(業)，牧畜(業)		
pela	por＋a	**R**	
percorrer	通る，通り抜ける	racial	人種の
personificar	象徴する，表現・体現する	raiz	［女］根，［複］物事の根源・起源，ルーツ
pesca	［女］釣り		
pioneiro	［男］パイオニア，先駆者	recital	［男］リサイタル
planáltico	高原の	reconhecer	再認識する，承認する
planalto	［男］高原	referência	［女］言及，参考事項，基準
planície	［女］平野，平原	região	［女］地方，地域
plasticidade	［女］(可)塑性，柔軟性	regionalidade	［女］地域性，地方色
plateia	［女］聴衆，観衆，観客	regularidade	［女］規則正しさ，一定不変
polêmico	論争(上)の，議論の余地のある	relacionar	関連づける
ponto alto	ハイライト，呼び物	relevância	［女］重要性，際立つこと・もの
populacional	人口の	relevo	［男］(土地の)高低，起伏
populoso	人口の多い	religiosidade	［女］宗教性，信仰心

religioso	宗教(上)の，宗教的な	substituir	取り換える
reparação	[女] 修正，埋め合わせ	subtropical	亜熱帯の
representar	表す，描く	suburbano	郊外の，都市近郊の
representativo	代表的な	Sudeste	[男] 南東部
responsável	責任がある	suíno	豚の
resumir-se	(+a)…に要約される	Sul	[男] 南部
riqueza	[女] 豊かさ，富，資源	sul-americano	南アメリカの
riquíssimo	rico の絶対最上級(⇒ L.10)	sulista	[男][形] 南部の(人)
risco	[男] 線(を描くこと)，危険：correro risco 危険を冒す	suscitar	引き起こす
ritmo	[男] リズム		**T**
rivalidade	[女] 対抗心，張り合い	tacacá	[男] タカカ〈トゥクピに，練ったキャッサバ粉，ジャンブーの葉，干しエビなどを加えて作ったスープ〉
românico	ロマンス諸語の		
romaria	[女] 聖地巡礼		
RS	リオ・グランデ・ド・スル州の略称		
		tal	そんな，(+como)…のような
		terceiro	第3(番目)の
	S	territorial	領土の，土地の
saborear	味わう，賞味する	tomar conta de	世話をする，〈感情が〉…を支配する
samba-enredo	[男] エスコラ・デ・サンバのパレードのために作られるテーマ曲(=samba de enredo)	tombar	文化財として指定し保存する
		topônimo	[男] 地名
sambódromo	[男] サンボドロモ〈カーニバルのパレードが行われるリオ・デ・ジャネイロ市の会場〉	torcida	[女] 応援団
		totalizar	総計で…になる
		totalizante	全体化する，総合する
sancionar	承認する	trabalhador	[男] 労働者
Sargento-Mor	[男] 上級曹長	traço	[男] (足)跡，痕跡，名残
sazonalmente	季節的に，季節ごとに	tradicional	伝統的な
SC	サンタ・カタリナ州の略称	tradicionalíssimo	tradicional の絶対最上級⇒ L.10)
seca	[女] 干ばつ，乾期	trazer	持って来る，もたらす
seco	乾燥した，乾いた	tucupi	[男] トゥクピ〈キャッサバの根の搾り汁で作った黄色いソース〉
seguir	…に続く		
segundo	第2(番目)の	tupi	[男] トゥピ語
seleção	[女] 選抜，(+brasileira)ブラジル代表チーム	turístico	観光の
		tutela	[女] 後見，保護，監督
semiárido	半乾燥の，降雨量の少ない	tutu de feijão	トゥトゥ・デ・フェイジャン〈煮た豆にキャッサバ粉かトウモロコシ粉を加え練った料理。ベーコンや玉ねぎ，にんにくなどを加える〉
senzala	[女] 奴隷小屋		
sério	深刻な		
sertanejo	[男][形] セルタンの(住民)		
setor primário	一次産業		
significativamente	かなり		**U**
similar	(+a)…と似た，同質の	ultramarino	海外の
sincopar	シンコペートする	úmido	湿気の多い
sincretismo	[女] シンクレティズム，重層信仰	União Europeia	欧州連合
		único	唯一の，比類のない
singular	まれに見る，独特な	universitário	大学の
situar	位置づける，置く	urbanizar	都市化する
sociabilidade	[女] 社交術，社交性	urbano	都市の，都会の
sub-região	サブリージョン，地域をさらに小分けした区域		

V

vaga	［女］空席，空き
vaia	［女］やじ，ブーイング
vanguarda	［女］前衛（芸術）
vaqueiro	［男］牛飼い，牧童
vastidão	［女］広がり，広大さ
vazio	［男］空虚，空白
verificar	実証する，確かめる
verão	［男］夏
vestibular	［男］〈主に大学の〉入学試験
vez	［女］…倍
vigente	有効な，効力のある
visitante	［男・女］訪問者，観光客
ver	見る，観察する
vitivinicultura	［女］ブドウ栽培とワイン製造
viver	生きる，経験する

Z

Zona Franca de Manaus	マナウス・フリーゾーン

付録2．ポルトガル語動詞活用表

規則動詞　第1活用動詞（-ar）
FALAR

直説法・単純時制					
現　在	完了過去	半過去	大過去単純形	未　来	過去未来
falo	falei	falava	falara	falarei	falaria
falas	falaste	falavas	falaras	falarás	falarias
fala	falou	falava	falara	falará	falaria
falamos	falamos	falávamos	faláramos	falaremos	falaríamos
falais	falastes	faláveis	faláreis	falareis	falaríeis
falam	falaram	falavam	falaram	falarão	falariam

直説法・複合時制			
複合完了過去	大過去複合形	複合未来	複合過去未来
tenho falado	tinha falado	terei falado	teria falado
tens falado	tinhas falado	terás falado	terias falado
tem falado	tinha falado	terá falado	teria falado
temos falado	tínhamos falado	teremos falado	teríamos falado
tendes falado	tínheis falado	tereis falado	teríeis falado
têm falado	tinham falado	terão falado	teriam falado

接続法・単純時制			接続法・複合時制		
現　在	半過去	未　来	完了過去	大過去	複合未来
fale	falasse	falar	tenha falado	tivesse falado	tiver falado
fales	falasses	falares	tenhas falado	tivesses falado	tiveres falado
fale	falasse	falar	tenha falado	tivesse falado	tiver falado
falemos	falássemos	falarmos	tenhamos falado	tivéssemos falado	tivermos falado
faleis	falásseis	falardes	tenhais falado	tivésseis falado	tiverdes falado
falem	falassem	falarem	tenham falado	tivessem falado	tiverem falado

命令法	人称不定詞	人称不定詞・複合形	分　詞		
^	^	^	現在分詞	現在分詞・複合形	過去分詞
(tu) fala	falar	ter falado	falando	tendo falado	falado
^	falares	teres falado	^	^	^
^	falar	ter falado	^	^	^
(vós) falai	falarmos	termos falado	^	^	^
^	falardes	terdes falado	^	^	^
^	falarem	terem falado	^	^	^

規則動詞　第2活用動詞（-er）

ENTENDER

直説法・単純時制					
現　在	完了過去	半過去	大過去単純形	未　来	過去未来
entendo	entendi	entendia	entendera	entenderei	entenderia
entendes	entendeste	entendias	entenderas	entenderás	entenderias
entende	entendeu	entendia	entendera	entenderá	entenderia
entendemos	entendemos	entendíamos	entendêramos	entenderemos	entenderíamos
entendeis	entendestes	entendíeis	entendêreis	entendereis	entenderíeis
entendem	entenderam	entendiam	entenderam	entenderão	entenderiam

直説法・複合時制			
複合完了過去	大過去複合形	複合未来	複合過去未来
tenho entendido	tinha entendido	terei entendido	teria entendido
tens entendido	tinhas entendido	terás entendido	terias entendido
tem entendido	tinha entendido	terá entendido	teria entendido
temos entendido	tínhamos entendido	teremos entendido	teríamos entendido
tendes entendido	tínheis entendido	tereis entendido	teríeis entendido
têm entendido	tinham entendido	terão entendido	teriam entendido

接続法・単純時制			接続法・複合時制		
現　在	半過去	未　来	完了過去	大過去	複合未来
entenda	entendesse	entender	tenha entendido	tivesse entendido	tiver entendido
entendas	entendesses	entenderes	tenhas entendido	tivesses entendido	tiveres entendido
entenda	entendesse	entender	tenha entendido	tivesse entendido	tiver entendido
entendamos	entendêssemos	entendermos	tenhamos entendido	tivéssemos entendido	tivermos entendido
entendais	entendêsseis	entenderdes	tenhais entendido	tivésseis entendido	tiverdes entendido
entendam	entendessem	entenderem	tenham entendido	tivessem entendido	tiverem entendido

命令法	人称不定詞	人称不定詞・複合形	分　詞		
^^^	^^^	^^^	現在分詞	現在分詞・複合形	過去分詞
(tu) entende	entender	ter entendido	entendendo	tendo entendido	entendido
^^^	entenderes	teres entendido	^^^	^^^	^^^
^^^	entender	ter entendido	^^^	^^^	^^^
(vós) entendei	entendermos	termos entendido	^^^	^^^	^^^
^^^	entenderdes	terdes entendido	^^^	^^^	^^^
^^^	entenderem	terem entendido	^^^	^^^	^^^

規則動詞　第3活用動詞（-ir）

PARTIR

直説法・単純時制					
現　在	完了過去	半過去	大過去単純形	未　来	過去未来
parto	parti	partia	partira	partirei	partiria
partes	partiste	partias	partiras	partirás	partirias
parte	partiu	partia	partira	partirá	partiria
partimos	partimos	partíamos	partíramos	partiremos	partiríamos
partis	partistes	partíeis	partíreis	partireis	partiríeis
partem	partiram	partiam	partiram	partirão	partiriam

直説法・複合時制			
複合完了過去	大過去複合形	複合未来	複合過去未来
tenho partido	tinha partido	terei partido	teria partido
tens partido	tinhas partido	terás partido	terias partido
tem partido	tinha partido	terá partido	teria partido
temos partido	tínhamos partido	teremos partido	teríamos partido
tendes partido	tínheis partido	tereis partido	teríeis partido
têm partido	tinham partido	terão partido	teriam partido

接続法・単純時制			接続法・複合時制		
現　在	半過去	未　来	完了過去	大過去	複合未来
parta	partisse	partir	tenha partido	tivesse partido	tiver partido
partas	partisses	partires	tenhas partido	tivesses partido	tiveres partido
parta	partisse	partir	tenha partido	tivesse partido	tiver partido
partamos	partíssemos	partirmos	tenhamos partido	tivéssemos partido	tivermos partido
partais	partísseis	partirdes	tenhais partido	tivésseis partido	tiverdes partido
partam	partissem	partirem	tenham partido	tivessem partido	tiverem partido

命令法	人称不定詞	人称不定詞・複合形	分　詞		
			現在分詞	現在分詞・複合形	過去分詞
(tu) parte	partir	ter partido			
	partires	teres partido			
	partir	ter partido	partindo	tendo partido	partido
	partirmos	termos partido			
(vós) parti	partirdes	terdes partido			
	partirem	terem partido			

不規則動詞
＊不規則変化する時制のみ記載

DAR

直・現在	直・完了過去	直・大過去	接・現在	接・半過去	接・未来
dou	dei	dera	dê	desse	der
dás	deste	deras	dês	desses	deres
dá	deu	dera	dê	desse	der
damos	demos	déramos	demos	déssemos	dermos
dais	destes	déreis	deis	désseis	derdes
dão	deram	deram	deem	dessem	derem

DIZER

直・現在	直・完了過去	直・大過去	直・未来	直・過去未来	接・現在	接・半過去	接・未来
digo	disse	dissera	direi	diria	diga	dissesse	disser
dizes	disseste	disseras	dirás	dirias	digas	dissesses	disseres
diz	disse	dissera	dirá	diria	diga	dissesse	disser
dizemos	dissemos	disséramos	diremos	diríamos	digamos	disséssemos	dissermos
dizeis	dissestes	disséreis	direis	diríeis	digais	dissésseis	disserdes
dizem	disseram	disseram	dirão	diriam	digam	dissessem	disserem

ESTAR

直・現在	直・完了過去	直・大過去	接・現在	接・半過去	接・未来
estou	estive	estivera	esteja	estivesse	estiver
estás	estiveste	estiveras	estejas	estivesses	estiveres
está	esteve	estivera	esteja	estivesse	estiver
estamos	estivemos	estivéramos	estejamos	estivéssemos	estivermos
estais	estivestes	estivéreis	estejais	estivésseis	estiverdes
estão	estiveram	estiveram	estejam	estivessem	estiverem

FAZER

直・現在	直・完了過去	直・大過去	直・未来	直・過去未来	接・現在	接・半過去	接・未来
faço	fiz	fizera	farei	faria	faça	fizesse	fizer
fazes	fizeste	fizeras	farás	farias	faças	fizesses	fizeres
faz	fez	fizera	fará	faria	faça	fizesse	fizer
fazemos	fizemos	fizéramos	faremos	faríamos	façamos	fizéssemos	fizermos
fazeis	fizestes	fizéreis	fareis	faríeis	façais	fizésseis	fizerdes
fazem	fizeram	fizeram	farão	fariam	façam	fizessem	fizerem

HAVER

直・現在	直・完了過去	直・大過去	接・現在	接・半過去	接・未来
hei	houve	houvera	haja	houvesse	houver
hás	houveste	houveras	hajas	houvesses	houveres
há	houve	houvera	haja	houvesse	houver
havemos	houvemos	houvéramos	hajamos	houvéssemos	houvermos
haveis	houvestes	houvéreis	hajais	houvésseis	houverdes
hão	houveram	houveram	hajam	houvessem	houverem

IR

直・現在	直・完了過去	直・大過去	接・現在	接・半過去	接・未来
vou	fui	fora	vá	fosse	for
vais	foste	foras	vás	fosses	fores
vai	foi	fora	vá	fosse	for
vamos	fomos	fôramos	vamos	fôssemos	formos
ides	fostes	fôreis	vades	fôsseis	fordes
vão	foram	foram	vão	fossem	forem

PODER

直・現在	直・完了過去	直・大過去	接・現在	接・半過去	接・未来
posso	pude	pudera	possa	pudesse	puder
podes	pudeste	puderas	possas	pudesses	puderes
pode	pôde	pudera	possa	pudesse	puder
podemos	pudemos	pudéramos	possamos	pudéssemos	pudermos
podeis	pudestes	pudéreis	possais	pudésseis	puderdes
podem	puderam	puderam	possam	pudessem	puderem

PÔR

直・現在	直・完了過去	直・半過去	直・大過去	直・未来	直・過去未来	接・現在	接・半過去	接・未来
ponho	pus	punha	pusera	porei	poria	ponha	pusesse	puser
pões	puseste	punhas	puseras	porás	porias	ponhas	pusesses	puseres
põe	pôs	punha	pusera	porá	poria	ponha	pusesse	puser
pomos	pusemos	púnhamos	puséramos	poremos	poríamos	ponhamos	puséssemos	pusermos
pondes	pusestes	púnheis	puséreis	poreis	poríeis	ponhais	pusésseis	puserdes
põem	puseram	punham	puseram	porão	poriam	ponham	pusessem	puserem

QUERER

直・現在	直・完了過去	直・大過去	接・現在	接・半過去	接・未来
quero	quis	quisera	queira	quisesse	quiser
queres	quiseste	quiseras	queiras	quisesses	quiseres
quer	quis	quisera	queira	quisesse	quiser
queremos	quisemos	quiséramos	queiramos	quiséssemos	quisermos
quereis	quisestes	quiséreis	queirais	quisésseis	quiserdes
querem	quiseram	quiseram	queiram	quisessem	quiserem

SABER

直・現在	直・完了過去	直・大過去	接・現在	接・半過去	接・未来
sei	soube	soubera	saiba	soubesse	souber
sabes	soubeste	souberas	saibas	soubesses	souberes
sabe	soube	soubera	saiba	soubesse	souber
sabemos	soubemos	soubéramos	saibamos	soubéssemos	soubermos
sabeis	soubestes	soubéreis	saibais	soubésseis	souberdes
sabem	souberam	souberam	saibam	soubessem	souberem

SER

直・現在	直・完了過去	直・半過去	直・大過去	接・現在	接・半過去	接・未来	命令法
sou	fui	era	fora	seja	fosse	for	
és	foste	eras	foras	sejas	fosses	fores	sê
é	foi	era	fora	seja	fosse	for	
somos	fomos	éramos	fôramos	sejamos	fôssemos	formos	
sois	fostes	éreis	fôreis	sejais	fôsseis	fordes	sede
são	foram	eram	foram	sejam	fossem	forem	

TER

直・現在	直・完了過去	直・半過去	直・大過去	接・現在	接・半過去	接・未来
tenho	tive	tinha	tivera	tenha	tivesse	tiver
tens	tiveste	tinhas	tiveras	tenhas	tivesses	tiveres
tem	teve	tinha	tivera	tenha	tivesse	tiver
temos	tivemos	tínhamos	tivéramos	tenhamos	tivéssemos	tivermos
tendes	tivestes	tínheis	tivéreis	tenhais	tivésseis	tiverdes
têm	tiveram	tinham	tiveram	tenham	tivessem	tiverem

TRAZER

直・現在	直・完了過去	直・大過去	直・未来	直・過去未来	接・現在	接・半過去	接・未来
trago	trouxe	trouxera	trarei	traria	traga	trouxesse	trouxer
trazes	trouxeste	trouxeras	trarás	trarias	tragas	trouxesses	trouxeres
traz	trouxe	trouxera	trará	traria	traga	trouxesse	trouxer
trazemos	trouxemos	trouxéramos	traremos	traríamos	tragamos	trouxéssemos	trouxermos
trazeis	trouxestes	trouxéreis	trareis	traríeis	tragais	trouxésseis	trouxerdes
trazem	trouxeram	trouxeram	trarão	trariam	tragam	trouxessem	trouxerem

VER

直・現在	直・完了過去	直・大過去	接・現在	接・半過去	接・未来
vejo	vi	vira	veja	visse	vir
vês	viste	viras	vejas	visses	vires
vê	viu	vira	veja	visse	vir
vemos	vimos	víramos	vejamos	víssemos	virmos
vedes	vistes	víreis	vejais	vísseis	virdes
veem	viram	viram	vejam	vissem	virem

VIR

直・現在	直・完了過去	直・半過去	直・大過去	接・現在	接・半過去	接・未来
venho	vim	vinha	viera	venha	viesse	vier
vens	vieste	vinhas	vieras	venhas	viesses	vieres
vem	veio	vinha	viera	venha	viesse	vier
vimos	viemos	vínhamos	viéramos	venhamos	viéssemos	viermos
vindes	viestes	vínheis	viéreis	venhais	viésseis	vierdes
vêm	vieram	vinham	vieram	venham	viessem	vierem

平田　惠津子（ひらた　えつこ）
カリフォルニア大学ロサンゼルス校（UCLA）スペイン語・ポルトガル語学部博士課程単位取得退学
現在、大阪大学大学院言語文化研究科教授
専門分野：ブラジル文学

鳥居　玲奈（とりい　れな）
サンパウロ州立大学（UNESP）文理学部博士課程修了
現在、大阪大学大学院言語文化研究科助教
専門分野：ポルトガル語学

ロジェリオ・アキチ・デゼン（Rogério Akiti Dezem）
サンパウロ大学（USP）哲学・文学・人間科学部修士課程修了
現在、大阪大学大学院言語文化研究科特任教員
専門分野：ブラジル社会史

大阪大学外国語学部　世界の言語シリーズ11

ポルトガル語

発　行　日	2016年3月31日　初版第1刷 2022年6月30日　初版第2刷
著　　　者	平田惠津子、鳥居玲奈 ロジェリオ・アキチ・デゼン
発　行　所	大阪大学出版会 代表者　三成賢次 〒565-0871 大阪府吹田市山田丘2-7　大阪大学ウエストフロント 電話　06-6877-1614 FAX　06-6877-1617 URL　https://www.osaka-up.or.jp
印刷・製本	株式会社 遊文舎

ⓒEtsuko Hirata, Rena Torii, Rogério Akiti Dezem　2016
　　　　　　　　　　　　　　　　　　Printed in Japan
ISBN 978-4-87259-335-8 C3087

[JCOPY]〈出版者著作権管理機構　委託出版物〉
本書の無断複製は著作権法上での例外を除き禁じられています。複製される場合は、その都度事前に、出版者著作権管理機構（電話03-5244-5088、FAX 03-5244-5089、e-mail: info@jcopy.or.jp）の許諾を得てください。

大阪大学外国語学部

世界の言語シリーズ 11

ポルトガル語
[別冊]

大阪大学出版会

大阪大学外国語学部　世界の言語シリーズ　11

ポルトガル語〈別冊〉

読み物の日本語訳と文法練習問題解答例

　各課の Exercícios sobre o texto は，「調べてみましょう」等の問いのため，個別の回答は付しません。

1課　ポルトガル語の世界
　あなたはポルトガル語を学んで，ブラジルを知りたい，と張り切っていますか。それならまず，ポルトガル語について少し学びましょう。
　ポルトガル語は地球上のすべての大陸に存在するといっても過言ではなく，世界でもっとも多くの人々に話されている言語のひとつです。
　ポルトガル語を公用語としている国は，ポルトガル，ブラジル，アンゴラ，カーボヴェルデ，ギニアビサウ，モザンビーク，サントメ・プリンシペ，東ティモールの8か国です。ブラジルが最大のポルトガル語話者を擁しており，モザンビークとアンゴラが続きます。ラテン語起源のポルトガル語はとりわけ「植民者」の言語です。15世紀から18世紀にかけて海外進出していくなかで，ポルトガルは商業的，宗教的目的から，ルイス・デ・カモンエスの言葉を海外の領土にもたらしたのです。

(文法練習問題)
1.
(1) 男性・ノート　　　　　　(5) 女性・勇気
(2) 男性・通話　　　　　　　(6) 男性・綿
(3) 女性・椅子　　　　　　　(7) 男性・祖父
(4) 女性・アイデンティティ　(8) 男性・グラム（重さの単位），女性・芝草
2.
(1) senhora, 夫人　　　　　　(5) médica, 女医
(2) polonesa, ポーランド人女性 (6) pianista, 女性ピアニスト
(3) menina, 女の子　　　　　 (7) alemã, ドイツ人女性
(4) leitora, 女性読者　　　　(8) rainha, 女王
3.
(1) 若者, jovens　　　　　　 (8) 姉妹, irmãs
(2) 国, países　　　　　　　 (9) 国家, nações
(3) 画家, pintores　　　　　(10) パン, pães
(4) チョーク, gizes　　　　 (11) 兄弟, irmãos
(5) アイルランド人, irlandeses (12) 動物, animais
(6) ホテル, hotéis　　　　　(13) 爬虫類, répteis
(7) 鉛筆, lápis　　　　　　　(14) ひまわり, girassóis

2課　ブラジルのポルトガル語
　ブラジル文化の多様性を理解するための最良の方法のひとつは，ブラジルで話されているポルトガル語を学ぶことです。
　その語彙は，トゥピー語に加え，ヨルバ語やキンブンド語などのアフリカの言語からの借用によって豊かになっています。ブラジルのポルトガル語は，トゥピー語から「イグアス」，「イパネマ」，「パラナ」といった地名や，「カジュー」，「マンジオカ」，「カピバラ」のような動植物に関する言葉を取り入れました。アフリカ起源，とりわけ，キンブンド語起源の語彙には，「モレキ」，「カスラ」，「カシンボ」のような名詞と，さらには「コシラール」，「シンガール」などの動詞もあり，これらすべて日常生活で使用されています。
　19世紀半ば以降，他の民族集団，とりわけイタリア移民，スペイン移民，ドイツ移民の到来で，新たな借用語がブラジルのポルトガル語に加わりました。

(文法練習問題)
1.
(1) a/uma água, 水
(2) o/um jornal, 新聞
(3) a/uma mão, 手
(4) a/uma noite, 夜
(5) as/umas línguas, 言語
(6) os/uns vocábulos, 語
(7) a/uma escritora, （女性）作家
(8) a/uma bênção, 祝福
(9) os/uns pais, 両親
(10) o/um órfão, 孤児
(11) a/uma situação, 状況
(12) o/um trem, 列車
(13) o/um restaurante, レストラン
(14) o/um tio, おじ
(15) as/umas etnias, 民族
(16) o/um mês, 月
(17) a/uma dificuldade, 困難
(18) a/uma ordem, 秩序，命令

2.
(1) aluno <u>alto</u>, aluna <u>alta</u>, alunos <u>altos</u>, alunas <u>altas</u>
(2) professor <u>português</u>, professora <u>portuguesa</u>, professores <u>portugueses</u>, professoras <u>portuguesas</u>
(3) homem <u>inteligente</u>, mulher <u>inteligente</u>, homens <u>inteligentes</u>, mulheres <u>inteligentes</u>
(4) material <u>fácil</u>, materiais <u>fáceis</u>
(5) regra <u>simples</u>, regras <u>simples</u>
(6) <u>bom</u> descanso, <u>boa</u> ideia, <u>bons</u> amigos, <u>boas</u> férias

3.
(1) <u>umas</u> diretoras <u>simpáticas</u>
(2) <u>as</u> nações
(3) <u>muitos</u> dicionários
(4) <u>a</u> imagem
(5) <u>uns</u> vestidos <u>marrons</u>
(6) <u>os</u> presidentes <u>atuais</u> / <u>as</u> presidentes <u>atuais</u>
(7) <u>o</u> dia <u>maravilhoso</u>
(8) <u>muita</u> gente

3課　ブラジル1：概説

　ブラジルは，日本のおよそ23倍に相当する約850万平方キロメートルの国土を有するラテンアメリカ最大の国です。人口は常に増加を続けており，ブラジル地理統計院（IBGE）によると，2013年に2億人を超えました。ブラジル人はヨーロッパ系白人，アフリカ系黒人，先住民族，アジア系民族で構成されています。
　ブラジルの国旗は緑，黄，青，白の4色でできており，世間一般には，それぞれ森，鉱物資源，空，平和を象徴していると考えられています。私たちの国旗に表されている星は，ブラジルで共和政が宣言された1889年11月15日早朝のリオ・デ・ジャネイロの空の様子を表しています。

(文法練習問題)
1.
(1) (o)meu pai, (o)teu pai, (o)seu pai, (o)nosso pai, o pai de vocês （または(o)seu pai）, o pai dela （または(o)seu pai）
(2) (a)minha mãe, (a)tua mãe, (a)sua mãe, (a)nossa mãe, a mãe de vocês （または(a)sua mãe）, a mãe deles （または(a)sua mãe）
(3) (os)meus irmãos, (os)nossos irmãos, os irmãos dele （または(os)seus irmãos）
(4) (as)tuas irmãs, (as)suas irmãs, as irmãs delas （または(as)suas irmãs）
(5) (o)nosso professor, o professor de vocês （または(o)seu professor）
(6) (o)seu avô
(7) (a)sua avó
(8) (os)meus avós
(9) (as)minhas avós
(10) (a)minha família, (a)sua família
(11) (o)teu colega/(a)tua colega, (o)nosso colega/(a)nossa colega
(12) o amigo de/do Paulo, o amigo dele

2.
(1) <u>os</u> <u>meus</u> colegas <u>japoneses</u>
　　<u>as</u> <u>minhas</u> colegas <u>japonesas</u>
(2) <u>muitas</u> amigas <u>minhas</u>
(3) <u>o</u> <u>meu</u> chocolate <u>belga</u> <u>favorito</u>
(4) <u>muitos</u> documentos dele
(5) <u>o</u> <u>seu</u> irmão
(6) <u>o</u> <u>nosso</u> país
(7) uma prima <u>minha</u>
(8) <u>os</u> <u>seus</u> lençóis <u>brancos</u>

4課　ブラジル2：5つの地域

　ブラジルは26の州と連邦区（首都ブラジリア）で構成されています。IBGE（⇒ L.3）によって設定された区分によると，ブラジルは南部，南東部，中西部，北東部，北部の5つの地域に分けられます。これらの地域は互いにとても異なってます。例えば，北部は主に赤道気候で，ほとんど一年中，高温多湿です。一方，ブラジルで最も低い気温を示す南部では，冬期に霜が降りたり，雪が降ったりします。そのような違いは，ブラジルが広い緯度にまたがって，南米大陸のほぼ半分の面積を占めていることによります。アマゾン熱帯雨林，パンタナル，セラードといった多様で複雑な生態系を有しており，ブラジルの植物相と動物相は非常に豊かです。

（文法練習問題）
1.
(1) Isso, um (2) Isto, × (3) Aquilo, uma (4) Isto, o (5) Aquilo, ×

2.

近　称	中　称	遠　称
estes	essas	aquela
esta	esse	aqueles
este	esses	aquelas
estas	essa	aquele

3.
(1) Isso é um robô. / Esse robô é meu.
(2) Isto são sementes. / Estas sementes são raras.
(3) Aquilo são animais. / Aqueles animais são selvagens.

4.
(1) aquelas motos azuis　　(5) aqueles três sofás
(2) estes temas　　　　　　(6) estes professores franceses
(3) essa amiga minha　　　(7) aqueles exercícios fáceis
(4) esta lanchonete　　　　(8) esses pais problemáticos

5課　北部1：ブラジル最大の地域

　この課から，ブラジルの5つの地域について学んでいきましょう。まずは，アクレ，アマパ，アマゾナス，パラ，ロンドニア，ロライマ，トカンチンスの7つの州で構成される北部からはじめます。
　土地の広さでは5つの地域最大の北部は，ブラジルの国土の約45％に相当する3,853,327km²の面積を有します。その広さをよりよく理解できるように比較してみると，インドより大きく，欧州連合の総面積より少し小さいです。人口は1,720万人です。人口密度については北部が最も低く，人の住んでいない土地が広がっています。主な気候は赤道気候で，東南アジアの気候に似ています。

（文法練習問題）
1.
(1) é, é / é / é / Sou, são / é, é / sou, estou / é / É, é, estou / estamos, está / Estou, estou, estou, são / É / está
(2) é / é / estamos, está / É, é

6課　北部2：緑豊かなアマゾン

　世界最大級で，複雑な生態系を有するアマゾン熱帯雨林は，その自然の美しさで訪れる人々を魅了します。あふれんばかりの豊かな植物相と動物相に接したり，見事なアマゾン川を航行したりすることは，比類のない，忘れることができない冒険です。
　1960年代にはじまったアマゾナス州のパリンチンス・フォークロア・フェスティヴァルは，この地域で最も有名な民衆の祭典となりました。毎年，6月の最終週末に開催されるこの祭典は，2頭の牛，つまり，赤の「ガランチード」と青の「カプリショーゾ」との競い合いと，それぞれの熱狂的な応援が呼び物です。観客と審査員の前でより良いパフォーマンスを披露した方が勝利します。
　最後に，アマゾン地方最大で，最も重要な財源であるマナウス・フリーゾーンについて触れないわけにはいきません。自由貿易地区としても知られるこの地区には，いまだにブラジル各地から，より求めやすい価格で輸入品を手に

入れようとする人々がやって来ます。

（文法練習問題）
1.

	esquecer	crer	pedir	sugerir	fugir
1人称単数形	esqueço	creio	peço	sugiro	fujo
2人称単数形	esqueces	crês	pedes	sugeres	foges
3人称単数形	esquece	crê	pede	sugere	foge
1人称複数形	esquecemos	cremos	pedimos	sugerimos	fugimos
2人称複数形	esqueceis	credes	pedis	sugeris	fugis
3人称複数形	esquecem	creem	pedem	sugerem	fogem

2.
(1) mora, Moro, usa, Uso, odeio, sobe, desce
(2) aprendem, Aprendemos, falamos, escrevemos
(3) assiste, Assiste, assiste, joga
(4) prefere, Gosto, prefiro
3. (解答例)
Eu acordo às 8 horas em ponto.
Tomo café da manhã com a minha esposa e depois saio para passear no parque com os meus cachorros.
Almoço ao meio-dia e meia.
À tarde, ouço música e leio revistas de esportes.
Assisto à TV um pouco e logo depois eu e a minha esposa preparamos o jantar.
Tomo banho e durmo cedo.
4.
(1) Estes móveis são antigos.
(2) Elas são muito gentis.
(3) As minhas mãos estão secas e geladas.
(4) Os rapazes estudam de dia e trabalham à noite.
(5) Os nossos professores espanhóis não entendem japonês.

7課　北部3：ベレンとマナウス

　アマゾナス州の州都マナウスとパラ州の州都ベレンは北部地域最大の都市で，歴史的にも，また，観光地としても重要な中心地です。おもしろいことに，ふたつの州都のあいだには，どちらがこの地域で主要な都市かを争う対抗心があります。
　アマゾナス州の州都は，「ゴム景気」時代の豊かさの絶頂を象徴するアマゾナス劇場を誇りにしています。ブラジルで最も美しい劇場のひとつとみなされているこの劇場は，1966年，国の歴史的文化財に指定されました。マナウスはさらに，アマゾン熱帯雨林を体験するためのブラジル側の玄関口となっており，自然を愛する人たちを多数ひきつけています。
　一方，パラ州の州都ベレンは，この地域で年間最多の観光客を受け入れています。その多彩な魅力には，パス劇場やヴェル・オ・ペゾ（ヴェロペーゾ）市場に見られる建造物，「パト・ノ・トゥクピ」や「タカカ」を代表とする先住民に由来する独特の料理があります。

（文法練習問題）
1.
(1) tem, Sei, quer, quero
(2) vai, vou
(3) Há, estão, Estamos, há, vamos
(4) vem, Posso, conhece, pode
(5) Faz, vejo, vou, está.
(6) venho, traz, dou
(7) pode, fica, conheço, consegue, sei

(8) faço, ponho
(9) digo, diz, está

8課　北東部1：地理的特徴

　北東部はブラジルの国土の18.2%に相当する1,554,291km²の面積を有します。人口は4,900万人強で，5つの地域で2番目に多いです。最も多くの州を抱えており，アラゴアス，バイア，セアラ，マラニャン，パライバ，ペルナンブコ，ピアウイ，リオ・グランデ・ド・ノルテ，セルジッペの9州があります。
　北東部地域は，それぞれ異なる自然の特徴を呈するゾナ・ダ・マタ，アグレステ，セルタン，メイオ・ノルテの4つのサブリージョンに分けられます。これらのサブリージョンの間には経済，社会，文化の水準に大きな違いが見られます。たとえば，海岸地帯に位置するゾナ・ダ・マタは，最も人口が多く，都市化されていますが，半乾燥気候のセルタンは人口が希薄で，深刻な経済的損害を引き起こす乾期に苦しみます。セルタンの住民は季節的に苦難に見舞われますが，作家のエウクリデス・ダ・クーニャはその壮大なる作品『オス・セルトンエス』で「セルタンの人はとにかく強い」と書きました。

（文法練習問題）
1.
(1) mais velho/a (do) que eu. または menos novo/a (do) que eu.
　　mais novo/a (do) que você. または menos velho/a (do) que você.
(2) mais baratos (do) que os seus. または menos caros (do) que os seus.
　　mais caros (do) que os meus. または menos baratos (do) que os meus.
(3) maior (do) que o seu. または menos pequeno (do) que o seu.
　　menor (do) que o meu. または menos grande (do) que o meu.
(4) melhores (do) que aquelas. または menos más (do) que aquela.
　　piores (do) que estas. または menos boas (do) que aquelas.
(5) melhor (do) que essa. または menos mal (do) que aquela.
　　pior (do) que aquela. または menos bem (do) que aquela.
(6) tão alta quanto/como a Sofia. または mais alta (do) que a Mariana. または menos baixa (do) que a Mariana.
　　mais baixa (do) que a Sofia (e/ou a Joana). または menos alta (do) que a Sofia (e/ou a Joana).
(7) tanto calor quanto/como no Japão.
(8) tão frio quanto/como ontem.
(9) tantas línguas quanto/como você.

9課　北東部2：ブラジルの始まり

　「ブラジルは北東部で生まれた」この言葉は一般に歴史書のなかで，また，北東部の人たち自身によって語られます。それはポルトガルによるブラジルの植民地化が16世紀半ばにこの地域で始まったという事実によります。
　1500年に最初のポルトガル人が到着したのは，現在のバイア州南部の海岸でした。ペロ・ヴァス・デ・カミーニャの報告によると，彼らはそこに停泊し，裸で，友好的で，好奇心旺盛なその土地の人たちと出会いました。このヨーロッパとアメリカとの出会いからブラジルの国土と民族が形成されていったのですが，その歴史のなかでも，とりわけポルトガル人到達後2世紀の間，北東部は重要な役割を果たしました。アフリカ黒人奴隷の労働に依存していた北東部の砂糖の生産は，当時の植民地社会と経済を支える最も重要な柱でした。

（文法練習問題）
1.

	começar	ficar	ligar	conseguir	sair
1人称単数形	comecei	fiquei	liguei	consegui	saí
2人称単数形	começaste	ficaste	ligaste	conseguiste	saíste
3人称単数形	começou	ficou	ligou	conseguiu	saiu
1人称複数形	começamos	ficamos	ligamos	conseguimos	saímos
2人称複数形	começastes	ficastes	ligastes	conseguistes	saístes
3人称複数形	começaram	ficaram	ligaram	conseguiram	saíram

2.
(1) para, à (2) com (3) na, no (4) por (5) a, de, no (6) de, a, por
3.
(1) Eu já fui estudante como vocês.
(2) Como foram as férias? – Foram muito divertidas!
(3) Você nunca esteve em Portugal? – Já estive.
(4) Ontem vocês tiveram aulas? – Não tivemos.
(5) Alguém disse isso para você? – Ninguém me disse nada.
(6) O que os senhores fizeram no fim de semana? – Nós fomos para a praia.
(7) Vocês trouxeram tudo? – Trouxemos tudo menos bebidas.
(8) Nós vimos o filme mas ela não quis ver conosco/connosco.
(9) Eu vim a pé mas os rapazes vieram de moto.
(10) Eu dei uma bronca no aluno.
(11) Vocês souberam de alguma coisa? – Não soubemos de nada.
(12) Eu pus o celular no bolso mas ele caiu na água.
(13) Houve muitas dúvidas mas ele só pôde esclarecer uma.
(14) De manhã eu fiz limpeza do quarto, à tarde li os jornais e à noite saí com os amigos.
4.（解答例）
Eu acordei às 8 horas em ponto.
Tomei café da manhã com a minha esposa e depois saí para passear no parque com os meus cachorros.
Almocei ao meio-dia e meia.
À tarde, ouvi música e li revistas de esportes.
Assisti à TV um pouco e logo depois eu e a minha esposa preparamos o jantar.
Tomei banho e dormi cedo.

10課　北東部3：豊かな文化

　文化面から見ると，北東部はその民族的多様性のおかげで非常に豊かです。ペルナンブコ州はブラジルでもっとも音楽があふれるところだとみなされていて，フレヴォやマラカトゥのような伝統的なリズムだけでなく，現代的な「マンギビート」もあります。ブラジルでもっとも活気のあるカーニヴァルのひとつとして知られるオリンダ市のストリートカーニヴァルは，巨大な人形の行進で有名です。
　バイア州はその心髄にアフリカの源流をもち，それはアシェなどのリズムや，スパイシーでおいしいアカラジェのような料理に表れています。しかしながら，バイアがまさに「名刺」代わりとして観光客に差し出すのはカポエイラです。それはダンスなのか，それとも，格闘技なのか？ 奴隷制時代にさかのぼるその起源は，いまだに論争を生んでいます。しかし，カポエイラの音楽性は比類のないものです。ベリンバウの音色やアフリカの言葉による歌は，北東部のサトウキビ農園や奴隷小屋での過酷な生活に対する重要な「解毒剤」となりました。

（文法練習問題）
1.
(1) Este prédio é o mais antigo do bairro.
(2) A Carolina é a mais magra das irmãs.
(3) Esse filme americano é o pior do ano.
(4) Estas jogadoras são as melhores do time.
(5) O rio Amazonas é o maior do continente americano.
(6) Esta caixa é a menor que já vi.
2.
(1) baratíssima (2) altíssimo (3) fortíssimo (4) branquíssimos (5) pouquíssimas (6) pertíssimo (7) ótimos (8) péssimo (9) dificílimo (10) amabilíssima

11課　中西部1：ブラジルの「穀倉」

　ゴイアス州とマット・グロッソ州，マット・グロッソ・ド・スル州，さらに連邦区で構成される中西部は，ほかの4つの地域と境界を接している唯一の地域です。5つの地域のなかで2番目に広く，国土の18.8％を占める1,606,403 km²の面積を有しますが，人口はもっとも少ないです。気候は主に熱帯気候に分類され，夏にはよく雨が降り，冬には乾燥します。複雑な生態系が維持されている原因のひとつとして，高原とパンタナル平原が作り出している土地の

起伏があげられます。
　地域経済の基盤産業となっているのは一次産業で，主に農業です。牛を中心とする牧畜と並んで，大豆，綿花，コーヒー，トウモロコシの生産が「ブラジルの穀倉」として知られるこの地域の経済活動をけん引します。

(文法練習問題)
1.
(1) duas irmãs
(2) quinze dias / dia quinze
(3) cinquenta reais
(4) quinhentos gramas
(5) mil e uma noites
(6) sete de outubro de dois mil e quinze
(7) século dezenove
(8) dezoito vírgula dois por cento
(9) novecentos e vinte e quatro mil, seiscentos e vinte quilômetros quadrados
(10) primeiro de janeiro de mil, setecentos e sessenta e três
2.
(1) (eu) Tenho vinte e um anos.
(2) (o meu número de telefone) É zero-nove-zero, meia-cinco...
(3) (a minha data de nascimento) É sete de setembro de mil, novecentos e noventa e quatro.
(4) (a minha altura) É um (metro) e setenta e cinco (centímetros).
(5) (eu) Tenho quinze mil, quinhentos e cinquenta ienes.
3.
(1) alguma, nenhuma (2) Alguém, Ninguém (3) algo, nada (4) todo, todas (5) tudo, algo

12課　中西部2：ブラジリア

　ゴイアス州のなかに位置するブラジリアは，人口規模の面ではブラジル4位の大都市です。サルヴァドール，リオ・デ・ジャネイロに続いて3番目の首都となったブラジリアは，ブラジル内陸部の開発を目的として20世紀半ばに建設されました。この都市の「パイロットプラン」は，都市計画家のルシオ・コスタ（1902-1998）と建築家のオスカー・ニーマイヤー（1907-2012）によって設計されましたが，これにより彼らは世界的に名を知られるようになりました。新しい首都は，1960年4月21日，当時大統領だったジュセリーノ・クビチェック（1902-1976）の宣言によって開かれました。半世紀以上たった今でもブラジリアは成長し続けていますが，その様子は設計者たちが思い描いたような調和のとれたものではありません。
　ブラジルの首都に関する興味深い情報をいくつか：124の国の大使館があります；首都建設のために6万人以上の労働者を要しましたが，その大部分は北東部出身者でした；ブラジリア空港はブラジルで2番目に忙しい空港です。

(文法練習問題)
1.

	chamar	ler	dormir	ir	cair
1人称単数形	chamava	lia	dormia	ia	caía
2人称単数形	chamavas	lias	dormias	ias	caías
3人称単数形	chamava	lia	dormia	ia	caía
1人称複数形	chamávamos	líamos	dormíamos	íamos	caíamos
2人称複数形	chamáveis	líeis	dormíeis	íeis	caíeis
3人称複数形	chamavam	liam	dormiam	iam	caíam

2.
era, estudava, adorava, vivia, saía, ia, passava
3.
(1) fui, tinha (2) Viviam, eram (3) vinha, vim (4) assistia, ajudavam (5) Ventava, saí (6) ia, pagou (7) fazia, punha

13課　中西部3：パンタナル

　中西部最大の観光の魅力は自然美あふれるパンタナル平原です。アマゾン熱帯雨林に比べると，面積はかなり小さいものの，アマゾンと同じくらい変化に富んだ植物相と動物相を有します。釣りもまた国内外から観光客を引きつけています。ピンタードや，パクー，クリンバターなど多種多様な魚がいるため，パンタナルの川で釣りをすることは多くの釣り人たちの願望となっています。ユネスコによって世界自然遺産として認定されている自然のほかに，パンタナルの住人—シンプルな暮らしを送る人たち—のもてなしが，この地域を訪れる人々を喜ばせます。洞窟や滝，透明度が高くダイビングができる湖が作り出す美しい景観，すばらしいインフラを有するマット・グロッソ・ド・スル州のボニト市はブラジルのエコツーリズム最良の訪問地とみなされています。
　しかし，ここ数十年間，商工業活動が確かな速度で活発化しており，セラード・バイオームのかなりの部分を破壊しています。

（文法練習問題）
1.
(1) O dicionário que eu comprei é caro.
(2) Nós conhecemos o rapaz que trabalha nesta fábrica.
(3) Você viu a bolsa que estava dentro do carro?
(4) O carro de que o meu pai precisa está no estacionamento.
(5) O prédio em que（または onde）os alunos estudam tem cinco andares.
(6) A Mariana com quem a minha filha estuda é brasileira.
(7) O meu amigo de quem você falou ontem está ali.
(8) A minha vizinha em quem sempre penso é muito elegante.
(9) O meu tio de quem eu gostava muito faleceu há dez anos.
(10) Este é o assunto sobre o qual discutimos anteontem na reunião.
(11) O filho da Maria, o qual vai se formar este ano, vive em Curitiba.
(12) O exame, para o qual ela estudou muito, foi tranquilo.
(13) A agência, através da qual eu sempre obtinha o visto, faliu.
(14) Esta é a empresa onde（または em que）o meu primo trabalha.
(15) A recepção aonde você se dirigiu ainda está aberta.
(16) A avenida por onde nós sempre passamos está congestionada.
(17) O aluno, cuja nota foi a melhor da turma, ganhou uma bolsa de estudo.
(18) A casa, cujo dono se mudou para o Rio, está abandonada.
(19) Aqueles filmes, cuja diretora é brasileira, são interessantes.

14課　南東部1：複雑な様相

　ブラジルで2番目に小さい 924,620 km² の面積を有する南東部は，エスピリト・サント，ミナス・ジェライス，リオ・デ・ジャネイロ，サンパウロの4つの州で構成されています。3大都市のサンパウロ，リオ・デ・ジャネイロ，ベロ・オリゾンテを集めるこの地域は，ブラジルの人口の約40％に相当する8,400万人を超える人口を抱えています。
　ここ数十年間，ほかの地域も成長してきたとはいえ，相変わらず南東部がもっとも発達しており，ほかの4つの地域の総額に勝る55.4％の国内総生産を占めています。いまだにかなりの数の人々が，より良い仕事と勉学の機会を求めてブラジル各地から南東部の主要都市へと移り住んでいます。一様ではない成長を遂げてきたこの地域の中心部では，交通渋滞や，住宅問題，汚染，夏季の洪水，ここ数年，深刻化してきている暴力事件などの慢性的な問題が発生しています。

（文法練習問題）
1.
(1) tem feito
(2) tenho escrito
(3) têm vindo
(4) tem saído
(5) tem pago（pagado）
(6) temos ganho（ganhado），temos gasto（gastado）
(7) têm se encontrado
(8) têm comido

2.
(1) vi, tenho visto
(2) faltou, teve
(3) mudei, tenho dormido
(4) estiveram
(5) Tem havido, publicamos
(6) têm aumentado
(7) choveu, fez, tem feito

15課　南東部2：金とコーヒー

　南東部への「ゴールドラッシュ」を引き起こした17世紀末の鉱床の発見は，1763年，植民地の主都をサルヴァドールからリオ・デ・ジャネイロへ移すきっかけのひとつとなりました。18世紀後半にダイヤモンドと金の鉱脈が枯渇し，当時の探鉱技術の不安定さゆえに，それらの鉱石を採掘するのがますます難しくなると，ミナス・ジェライス地方の多くの町は経済的に衰退し，人口も減少していきました。それと同時に，19世紀半ば，コーヒー農園がリオーサンパウロ一帯に広がっていき，そこでコーヒー栽培に従事するため，まずヨーロッパ移民，後には日本移民が多数，導入されました。これらの移民は，農園での過酷な労働に苦しんだ末に，農村部で働き続けることより，都会へ移り住むことを選択しました。これらのことが主な要因となって，ブラジルの政治・経済面における南東部の主導権が確固たるものとなりました。

(文法練習問題)
1.
(1) さまざまなジャンルのサンバが生まれていきました。
(2) ここ20年間で，中国と韓国からの移民の数がかなり増加してきています。
(3) ペレはサントスFCとブラジル代表チームで最も優れたストライカーで，21年間の選手生活において，合計1200以上のゴールを決めました。
(4) 南部は熱帯気候に属さない唯一の地域で，より穏やかな気候を呈しています。
(5) お祭り騒ぎの参加者たちは，水や穀粉，卵，あるいは，リマン・デ・シェイロ，つまり，水が入ったロウ製の小さなボールを互いに投げ合ってふざけていました。
(6) それと同時に，19世紀半ば，コーヒー農園がリオーサンパウロ一帯に広がっていき，コーヒー栽培に従事するため，まずヨーロッパ移民，後には日本移民が多数，導入されました。
(7) 多くの日本人は耕作を放棄し農園から逃げ出しました。

16課　南東部3：その魅力

　南東部の観光についていえば，絵葉書のような風景とサンボドロモで行われるカーニバルのパレードによって，リオ・デ・ジャネイロ市が観光客に最も人気の訪問地であることに疑いの余地はありません。しかし，南東部の魅力は，リオ・デ・ジャネイロ州の州都が私たちに提供してくれるものだけに収まりません。ミナス・ジェライス州のオウロ・プレト，チラデンテス，コンゴーニャスなどの歴史的な町は，コロニアル様式の建造物やバロック様式の教会によって訪れる人たちを魅了します。大都市サンパウロは，芸術と文化の愛好者に対して，美術館，映画館，劇場で催されるさまざまなプログラムと展覧会を提供してくれます。
　美食の世界では，リオ・デ・ジャネイロ市に名刺代わりのフェイジョアーダがあるとすれば，サンパウロ市はあらゆる食の好みに対応できるバラエティ豊かなレストランがあることで有名です。しかしながら，トゥトゥ・デ・フェイジャン，豚の丸焼き，自家製スイーツ，パン・デ・ケイジョ（チーズパン）といった，実に伝統的な料理をもつミナス・ジェライス州にこそ，この地域の「胃袋」はあるのです。

(文法練習問題)
1.
(1) O médico atendeu-nos às 4 hora..
(2) Ele visitou-te ontem à tarde.
(3) A Adriana levou-me no carro dela.
(4) Ela comprou-a ontem.
(5) Maria, a Beatriz visitou-a ontem?
(6) José, a Larissa visitou-o ontem?
(7) Nós vimo-las no circo.

(8) Quero vê-la.
(9) Vou encontrá-los.
(10) Posso abri-lo?
(11) Vocês viram-nos?
(12) Você telefonou-me?
(13) Eles ofereceram-nos um jantar.
(14) Deixei-te um recado.
(15) Vou oferecer-lhes um lanche.
(16) João, telefono-lhe amanhã.
(17) O vendedor mostrou-lhe as novas máquinas.
(18) A minha avó sempre se preocupa comigo e pergunta por mim.
(19) Vocês querem viajar conosco (または connosco)?
(20) Eu sempre penso nela.

17課　南部1：その美しさ

　ブラジルの南に位置するパラナ州，サンタ・カタリナ州，リオ・グランデ・ド・スル州が南部地域を構成しています。ここは熱帯気候に属さない唯一の地域で，より穏やかな気候を呈しています。なだらかな高原と亜熱帯気候は，リオ・グランデ・ド・スル州に広がるパンパを抱えるブラジル南部の極めて特徴的で，独特の景観を作り上げることに寄与しています。
　南部は，5つの地域のなかで最も小さな面積をもつものの，2番目に発達した地域で，ブラジルの国内総生産の約20%を生み出します。工業のほか，主に農業（米，小麦，ジャガイモ，フルーツなど），牧畜（牛，豚），ワイン産業がこの地域の豊かさを支えています。

（文法練習問題）
1.
(1) me visto または visto-me (2) se chama または chama-se (3) se olha (4) me engano (5) se secaram または secaram-se (6) me sirvo (7) se cumprimentavam または cumprimentavam-se, se despediam または despediam-se (8) se divertiram または divertiram-se
2.
(1) Vende-se um apartamento por 200 milhões de reais.
(2) Alugam-se estas salas para festas.
(3) Atendem-se os clientes das 8h às 18h.
(4) Dão-se as informações no presente documento.
(5) Perdeu-se um anel de platina ontem na rua.
(6) Enviaram-se algumas mensagens via redes sociais.
(7) Do alto do morro via-se toda a paisagem.
(8) Entregava-se o questionário para coleta de dados.

18課　南部2：ヨーロッパ移民

　南部，特にリオ・グランデ・ド・スル州とサンタ・カタリナ州の住民の多くは，19世紀以降，それまでほとんど人が住んでいなかったこの地域に定住するためにやって来たヨーロッパ移民の子孫で構成されています。それらの移民の大部分は，ポルトガル，イタリア，ドイツ，ロシア，ポーランドといった国からやって来ました。ロンドリナ市，マリンガ市，クリチバ市などのパラナ州北部の町には，20世紀半ば以降，日本移民とその子孫が暮らしています。
　南部の多くの町には，さまざまな国からやって来たヨーロッパ人開拓者が残した遺産として，移民の時代の文化や建築の痕跡がとどめられています。ブルメナウ市（SC）で開催されるドイツ発祥の祭り，オクトーバーフェストや，ポルト・アレグレ市（RS）で行われるポルトガル由来の伝統行事，ノッサ・セニョーラ・ドス・ナヴェガンテスなどの祝祭は，私たちにこの地域の民族的多様性を体験させてくれます。

（文法練習問題）
1.
(1) Este filme é visto pelo aluno.
(2) Este filme era visto pelo aluno.
(3) Esta novela foi vista pelo aluno.

(4) Esta novela será vista pelo aluno.
(5) Esta novela seria vista pelo aluno.
(6) Estes jogos estão sendo vistos pelo aluno.
(7) Estes jogos estavam sendo vistos pelo aluno.
(8) Estas peças têm sido vistas pelo aluno.
(9) Estas peças tinham sido vistas pelo aluno.
(10) Quero que este documentário seja visto pelos alunos.
(11) Eu queria que esta peça fosse vista pelos alunos.
(12) A situação será melhor se este filme for visto pelos alunos.

2.
(1) Esta casa não pode ser comprada por nós.
(2) As contas devem ser pagas hoje por mim.
(3) A verdade precisa ser dita pelo réu.
(4) O problema tem que ser resolvido por vocês.
(5) As atividades vão ser feitas pelos nossos alunos em sala de aula.
(6) Os bilhetes de loteria têm sido comprados por ele.
(7) As janelas estão sendo abertas pelo Bruno.
(8) As tarefas já tinham sido terminadas pelas crianças.

19課　南部3：ガウショ

　この地域を最も代表する人物像はおそらくガウショでしょう。ポルトガル人とスペイン人とインディオの混交から生まれ、ボンバシャ・パンツ、ブーツ、つばの広い帽子を身につけていたこの牧童たちは、いまだ植民地時代、パンパ地帯に住んでいました。その伝統と自らの生まれへの誇りはガウショをこの地域だけでなく、ブラジル全土において際立った存在にしています。

　この地域を代表するもうひとつの存在は、マテ茶としても知られるシマロンです。これはブラジル南部の伝統的な飲み物です。先住民から受け継いだシマロンを飲む習慣は、アルゼンチンやウルグアイなど、南アメリカ大陸にある国々でも見かけられます。特徴のある苦い味をした飲み物のマテ茶には、正しく準備され、味わわれるための儀式があります。そのためにはマテ茶のほかに、クイアとボンバが必要で、これらの道具はブラジル南部のほとんどの家庭に備えられています。冬であれ夏であれ、この熱い飲み物をのんびりとすする習慣は、ブラジル南部の日常生活の一部となっています。

（文法練習問題）
1.
(1) tenha　　(4) veja　　(7) sugira　　(10) saia　　(13) minta　　(16) ponha　　(19) sinta　　(22) descubra
(2) consiga　(5) peça　　(8) perca　　(11) durma　　(14) venha　　(17) creia　　(20) prefira　(23) possa
(3) faça　　(6) diga　　(9) ouça　　(12) odeie　　(15) vista　　(18) traga　　(21) sirva　　(24) dirija

2.

	ficar	chegar	começar	esquecer
1人称単数形	fique	chegue	comece	esqueça
2人称単数形	fiques	chegues	comeces	esqueças
3人称単数形	fique	chegue	comece	esqueça
1人称複数形	fiquemos	cheguemos	comecemos	esqueçamos
2人称複数形	fiqueis	chegueis	comeceis	esqueçais
3人称複数形	fiquem	cheguem	comecem	esqueçam

3.
(1) possa (2) consumam (3) saiba (4) consegue (5) se comuniquem (6) ofereçam (7) temos (8) fala (9) deem (10) leiam, está (11) se lembre (12) encha (13) diga (14) apareçam (15) mude (16) domine

20課　ブラジル人とは

　ブラジル人は500年以上にわたる国の歴史を通して行われた異種族混交，つまり，民族間の混血によって生まれました。混血ははじめ奴隷制のもとで，ポルトガル人植民者とインディオのあいだで行われました。やがてインディオは，生まれ育った土地から植民地ブラジルへ強制的に連れて来られたアフリカのさまざまな民族の黒人に取って代えられました。彼らは主に，北東部でのサトウキビ栽培とブラジル中央部での採鉱の労働力として用いられました。19世紀半ば以降は，サンパウロ州内陸部のコーヒー農園で働くために，ポルトガル，イタリア，スペイン，ドイツなどヨーロッパの広範な地域から移民がやって来ました。1908年には最初の日本人移民集団が到着しました。ここ20年間は，中国と韓国からの移民がかなり増加しています。
　結局，ブラジル人とはどのような人たちなのでしょうか？陽気で，心優しく，もてなし上手で，サンバとサッカーが好きな民族？ブラジル人がすべて，そのようなカテゴリーにあてはまるわけではありません。民族を定義するということは概念や定義の枠におさまらないとても複雑な問題ですが，私たちはしばしば型にはまったイメージによって一般化しがちです。

（文法練習問題）
1.
(1) Quando (2) porque (3) desde que (4) para que (5) mas
2.
(1) facilmente (2) brevemente (3) cuidadosamente (4) manualmente (5) rapidamente (6) semanalmente (7) apressadamente (8) novamente
3.
(1) pouquinho (2) igualzinho (3) chapeuzinho (4) jardinzinho (5) papeizinhos (6) boazinha (7) motinho (8) branquinho (9) friozinho

21課　多彩な文化

　ここからはブラジル文化のいくつかの様相について学んでいきましょう。
　一般に「ひとつのブラジル」が存在するのではなく「複数のブラジル」が存在するといわれています。大陸的な規模の国土と民族の多様性が，この主張を決定的なものとして導き出します。ヨーロッパ人，アフリカ人，先住民の伝統文化によって形作られているがゆえに，「ひとつのブラジル文化」ではなく，「複数の文化」が存在するといえます。それらは，ブラジルで話されているポルトガル語の柔軟性や，豊かな食文化，黒人の魂が宿る音楽性，先住民に由来する民間伝承などに認められる真の文化的モザイクを形成しています。
　16世紀に始まった植民地化と19世紀半ば以降に活発化した入植は，様々なひとのタイプを生み，ブラジルにあった多くの文化的要素を統合する結果をもたらしました。その例のひとつがブラジル人の食事の多様性であり，地域性が各地の代表的な料理に影響を与えています。北部と北東部では魚とキャッサバがベースの料理が食され，南部では有名なシュラスコが生まれ，ブラジル各地に広まりました。

（文法練習問題）
1.

	ir	ser	cair	refazer	predizer
1人称単数形	irei	serei	cairei	refarei	predirei
2人称単数形	irás	serás	cairás	refarás	predirás
3人称単数形	irá	será	cairá	refará	predirá
1人称複数形	iremos	seremos	cairemos	refaremos	prediremos
2人称複数形	ireis	sereis	caireis	refareis	predireis
3人称複数形	irão	serão	cairão	refarão	predirão

2.
(1) Amanhã choverá? Se chover, não sairemos de casa.
(2) Você fará um favor? Você trará a ficha do cliente?
(3) Eu venderei o meu carro e comprarei um novo à vista.
(4) Ela me dirá que não quer conhecer os meus pais?
(5) Os funcionários terão que aguentar a situação atual.

3.
No ano que vem nós viajaremos para a região Norte com os nossos filhos. Ficaremos dois dias em Manaus. No primeiro dia participaremos de um passeio de barco pelo rio Amazonas. Sairemos cedo do hotel para chegar a tempo. Do barco veremos o encontro impressionante dos rios Negro e Solimões. Almoçaremos em um restaurante flutuante e caminharemos um pouco pela selva. Tiraremos muitas fotos. E no segundo dia nós visitaremos o Teatro Amazonas mas os nossos filhos irão ao centro. Lá eles farão compras e trarão artesanatos tradicionais da região.

22課　宗教性と祝祭

　宗教性は，ブラジル文化の多様性について考えるためのもうひとつの重要な要素です。憲法によるとブラジルは世俗主義国家で，信教の自由が保障されています。しかし，たとえブラジルに公認の宗教がないとはいえ，カトリック教が最大の信者を擁しており，それはポルトガルによる植民地支配の時代から受け継がれたものです。興味深いことに，ウンバンダやカンドンブレなどのアフロブラジル宗教の信者も自らを「カトリック信者」と認識しています。このシンクレティズムはブラジルの宗教的慣例の特徴のひとつです。
　祝祭もブラジルの文化的特色のひとつです。それが宗教的なものであれ，非宗教的なものであれ，広く普及した祝い事は年中行事となっていて，ブラジル人がどのように大切な日を祝うか楽しげに示してくれます。宗教的要素はフェスタ・ジュニーナや聖地巡礼のような祭りを構成する重要なものです。非宗教的な祭りでは，カーニバルが最良の例です。ブラジル人は本質的に祭り好きだといえるでしょう。その民族的多様性のおかげで，良好な社会的関係を維持するため，特別な日だけでなく，日常においても「フェスタ」という言葉が重要な意味を持つ文化を作り上げたのです。

（文法練習問題）
1.
(1) antes que, cheguem (2) ainda que, estejam (3) a não ser que, haja (4) para que, se percam (5) Caso, chova (6) Por mais que, coma
2.
(1) vá, levo (2) queiram, prefiram (3) fica, seja (4) sejam, preciso (5) saímos, esteja (6) aumenta, seja, há (7) insistam, deem (8) continua, tome (9) devem, queiram
3.
(1) Não diga mentiras! (2) Traga o seu RG e CPF! (3) Sê feliz! (4) Não faças barulho! (5) Não vejam este filme! (6) Venham cá! (7) Não esqueçam a lição de casa! (8) Durma bem! (9) Não dês ouvido! (10) Leiam o manual de instruções!

23課　サンバが通る

　サンバのリズムは，19世紀後半，バイアにおいてアフロブラジルのリズムから生まれました。しかし，20世紀初頭にバトゥカーダが根づき，形式が整い，サンバ・カリオカ，あるいは，サンバ・ド・モロと名づけられるようになったのは，リオ・デ・ジャネイロ市の丘でのことでした。後にサンバ・エンレド，サンバ・カンサンなどのさまざまなジャンルのサンバが生まれるようになり，ついには，黒人の魂の宿るこの音楽とダンスは世界中で知られるブラジルの代名詞になりました。
　2007年以降，リオ・デ・ジャネイロ〔市〕のサンバは国立歴史芸術遺産研究所（IPHAN）によって，ブラジルの無形文化財として認められています。
　サンバの音楽性はバトゥキのシンコペートされたリズムだけではなく，歌詞にもあります。それは通常，リオ・デ・ジャネイロ市郊外で暮らす下層階級の人たちの辛くても希望と喜びとユーモアにあふれた日常を歌っています。サンバはリオ・デ・ジャネイロ〔市〕の丘を降りて町を練り歩き，ブラジル全土の人々の心をつかんでいきました。
　もしあなたがサンバを好きで，いつかサンバ発祥の地とみなされているリオ・デ・ジャネイロ市を訪れる機会があれば，必ず行くべき場所はシダーヂ・ド・サンバです。ここは，ブラジルでもっとも有名で，伝統あるリオ・デ・ジャネイロ〔市〕のエスコーラ・デ・サンバを集結させるために作られたテーマパークです。

（文法練習問題）
1.
(1) gostasse (2) bebesse (3) permitisse (4) lesse (5) soubesse (6) dissesse (7) viesse (8) houvesse (9) pusesse (10) estivesse (11) desse (12) coubesse (13) quisesse (14) fizesse (15) visse

2.

	ir/ser	ter	poder	trazer	sair
1人称単数形	fosse	tivesse	pudesse	trouxesse	saísse
2人称単数形	fosses	tivesses	pudesses	trouxesses	saísses
3人称単数形	fosse	tivesse	pudesse	trouxesse	saísse
1人称複数形	fôssemos	tivéssemos	pudéssemos	trouxéssemos	saíssemos
2人称複数形	fôsseis	tivésseis	pudésseis	trouxésseis	saísseis
3人称複数形	fossem	tivessem	pudessem	trouxessem	saíssem

3.
(1) dessem (2) diz (3) aprendessem, fossem (4) saíssem (5) houvesse (6) preenchamos (7) dissesse (8) esclarecesse (9) fosse (10) soubesse (11) tivesse (12) venha, pudesse

24課　ブラジルのカーニバル

　ブラジル最大の民衆の祭りであるカーニバルは，まだ16世紀末，ポルトガル人によって植民地ブラジルへもたらされたお祭りのエントルードに由来します。人々は家のなかで家族たちと（家族のエントルード），あるいは，街頭で白人，黒人奴隷，自由な黒人が交じり合って（民衆のエントルード）楽しんでいました。お祭り騒ぎの参加者たちは，街頭で，水や穀粉，卵，あるいは，リマン・デ・シェイロ，つまり，水が入ったロウ製の小さなボールを互いに投げ合ってふざけていました。これが19世紀半ばまで，主にリオ・デ・ジャネイロ市で行われていたカーニバルの祝い方でしたが，1853年，禁止されました。
　19世紀末，カーニバルグループのブロッコやコルダンが登場し，それらは後にリオ・デ・ジャネイロの主要なエスコーラ・デ・サンバへと発展していきました。大部分のエスコーラは，リオ・デ・ジャネイロ市郊外の貧しい地区で生まれました。はじめてのパレードは1932年，わずか三つのエスコーラ・デ・サンバの参加によって行われました。今日では，世界的に有名になりましたが，このパレードは，エスコーラ・デ・サンバとつながりがある地区の何千人もの住民を巻き込みます。カーニバルの準備にはほとんど1年を要します。エスコーラ・デ・サンバは，パレードを終えるとすぐに，次の年のことを考え始めます。準備はいくつもの行程を経て行われます。テーマ曲の選定，衣装の仕立て，山車の制作，リハーサル，そしてついにはサンボドロモ会場に集結し，行進するのです。あなたはきっと，多くの人たちによって世界最大のショーであると考えられているこの祭典の実況中継をテレビで見たことがあるでしょう。すばらしいですよね？

（文法練習問題）
1.
(1) gostar (2) beber (3) permitir (4) doer (5) souber (6) trouxer (7) vier (8) houver (9) puser (10) tiver (11) der (12) couber (13) quiser (14) puder (15) vir

2.

	ir/ser	estar	fazer	dizer	sair
1人称単数形	for	estiver	fizer	disser	sair
2人称単数形	fores	estiveres	fizeres	disseres	saíres
3人称単数形	for	estiver	fizer	disser	sair
1人称複数形	formos	estivermos	fizermos	dissermos	sairmos
2人称複数形	fordes	estiverdes	fizerdes	disserdes	sairdes
3人称複数形	forem	estiverem	fizerem	disserem	saírem

3.
(1) tiver, consulte (2) Seja, for (3) se recuperar (4) estiverem (5) puder, divulgue (6) seja, entrem (7) for, aplique (8) for, seja (9) Peça, quiser, Fique (10) saírem, venham

25課　サッカーの国ブラジル

　ブラジルはサッカーの国だといわれています。しかし，いつ，どのようにしてサッカーはブラジルへやって来たのでしょうか？ブラジルにサッカーをもたらしたのは，チャールズ・ミラーという英国系でサンパウロ出身の青年でした。1894年，イギリスでの学生生活を終え，サンパウロに戻った時，若きチャールズ・ミラーは2個のボールと，1足のサッカーシューズ，ボールの空気入れ，使用済みユニフォーム，そして「英国のスポーツ」のルールブックを持ち帰りました。こうしてブラジル人にとって最大の情熱のひとつであるサッカーの歴史が始まったのです。

　最初の数十年間，サッカーは白人エリートによってのみプレーされ，黒人やムラト，最貧層の人たちは競技から排除されていました。社会的に最も恵まれない人たちをこのスポーツに受け入れた先駆的なチームは，リオ・デ・ジャネイロ市のバングーとヴァスコ，サンパウロ州カンピナス市のポンテ・プレタでした。社会的，人種的に差別されていた人たちは，1920年代以降，抵抗を受けながらも徐々にサッカーの舞台でその存在を知らしめるようになっていきました。

　完全な統合までの長い道のりを経て，サッカーは社会における潤滑油の役を果たす重要なものになりました。人をまとめる一種の社会現象と考えられているサッカーは，今日では，すべての社会階層に広がっています。貧しい人から富める人まで，黒人から白人まで，たとえ出生地がどこであろうとも。

（文法練習問題）
1.
(1) O mais importante é encontrar o equilíbrio antes de se manifestar qualquer sintoma.
(2) É melhor você não consumir muito carboidrato à noite. / Pedimos aos nossos leitores para darem sugestões.
(3) Pedimos para os nossos leitores darem sugestões.
(4) Os pais me sustentam até eu me formar.
(5) Depois de você insistir muito, o meu filho foi ao dentista.
(6) O homem fez um sinal para trazerem a conta.
(7) Apesar de estarmos no verão, ainda faz um friozinho.
(8) Estudo aqui sem me incomodarem.
(9) Resolvemos chamar um táxi por ela estar atrasada.
(10) Os supervisores mandam os funcionários obedecerem às ordens dadas.

26課　サッカーの王様ペレ

　ブラジルのサッカーには「王様」がいます。それはペレとして世界的に知られているエジソン・アランテス・ド・ナシメントです。1940年10月23日，ミナス・ジェライス州トレス・コラソンエス市に生まれたエジソン少年は，幼い頃からサッカーをするよう父親に励まされました。幼少期を過ごしたサンパウロ州内陸部のバウルー市では，地元のチームで発揮されたその才能とテクニックによって，すでに注目を浴びていました。1956年，15歳の時，サントスFCに連れていかれ，同年，プロとしてデビューしました。それから，ペレの神話が作られたのです。彼はサントスFCとブラジル代表チームで最も優れたストライカーで，21年間の選手生活において，合計1,200以上のゴールを決めました。4つのワールドカップ（1958年，1962年，1966年，1970年）に出場し，そのうち3度，優勝しました。2000年には，FIFAによって「20世紀最優秀選手」に選ばれています。

　今日，ペレは様々な民間団体や政府機関の広告塔として活動しており，ブラジルのスポーツ特別省の大臣（1995年〜1998年）にもなりました。

　それにしても，ペレの成功の秘訣は何でしょうか？彼自身がいくつものインタビューで，その秘訣はたくさんの訓練に加え，テクニックと肉体を維持するためのトレーニングに取り組む真剣さ，そして，神の恩恵によって与えられた才能にあると答えています。

（文法練習問題）
1.

	ir	pôr	sair	refazer	predizer
１人称単数形	iria	poria	sairia	refaria	prediria
２人称単数形	irias	porias	sairias	refarias	predirias
３人称単数形	iria	poria	sairia	refaria	prediria
１人称複数形	iríamos	poríamos	sairíamos	refaríamos	prediríamos
２人称複数形	iríeis	poríeis	sairíeis	refaríeis	prediríeis
３人称複数形	iriam	poriam	sairiam	refariam	prediriam

2.
(1) Os policiais garantiram que fariam todo o possível para prender o suspeito.
(2) Eu concordei que assim seria mais conveniente para todos.
(3) Eles acharam que o novo acordo traria benefícios.
(4) A empresa anunciou que haveria corte de energia elétrica devido à manutenção.
(5) Soubemos que o laudo diria a verdade sobre a morte da vítima.
(6) Tive certeza que viriam momentos melhores.

3.
(1) quisesse, me casaria (2) houvesse, teríamos (3) causassem, adotaríamos (4) deixassem, passaria (5) faria, pudesse

27課　ブラジルのコーヒー

　コーヒーは，フランシスコ・デ・メロ・パリェタ上級曹長によってフランス領ギアナからブラジルへと運ばれ，1727年，ブラジル北部のベレンに到着したと考えられています。パリェタ上級曹長は，マラニャン・エ・グラン・パラの総督の命令を受け，その使命を帯びて，ギアナへ遣わされたのです。当時すでにコーヒーは大きな商業的価値を持っていたからでした。

　18世紀末，当時まで世界最大のコーヒー輸出地域であったハイチが，フランスに対して長期にわたる独立戦争を続けたため，危機に陥りました。そのような状況に乗じて，ブラジルのコーヒー生産は大いに増大し，まだ小規模だったものの，ブラジルは毎年ある程度の量のコーヒー輸出を行うようになりました。

　コーヒー栽培は河川の流域や丘陵地に拡大し，それによってサンパウロ州の内陸部全域やミナス・ジェライス［州］の南部，パライバ［州］の北部に多くの町が誕生し，主要な都市は著しく発展しました。コーヒーの流通を可能にするため，鉄道の建設が進み，鉄道は動物による輸送に取って代わり，さらに，コーヒー以外の主要産物の地域間交易も活発になりました。コーヒーによって，多数の移民が到来し，中産階級が生まれ，投資の機会が多様化し，さらには文化活動も活発になりました。こうして，コーヒーの導入後，コーヒーとブラジル人は，切っても切れない関係になったのです。

（文法練習問題）
1.

	poder	ver	ter	sair	dizer
１人称単数形	pudera	vira	tivera	saíra	dissera
２人称単数形	puderas	viras	tiveras	saíras	disseras
３人称単数形	pudera	vira	tivera	saíra	dissera
１人称複数形	pudéramos	víramos	tivéramos	saíramos	disséramos
２人称複数形	pudéreis	víreis	tivéreis	saíreis	disséreis
３人称複数形	puderam	viram	tiveram	saíram	disseram

2.
Na noite desse dia, Estácio escreveu para Cantagalo dando notícias suas. Do casamento de Helena falou pouco, quase nada. Tudo o descontentava; tanto o que ele tinha feito e tinha dito, sem proveito, como o desenlace da situação. Não tinha sabido opor-se com eficácia, nem aplaudir oportunamente.

3.
(1) tinham saído, liguei (2) chegaram, tinha nascido (3) dormi (4) tinha dado (5) tinham aprendido (6) levou, tinha encontrado (7) tive (8) reparei, tinha visto

28課　ブラジルの日本移民：最初の数十年間

　1908年6月18日朝，サンパウロ州沿岸のサントス港に上陸して以降，初期の日本移民にとってサンパウロ州内陸部にあるコーヒー農園の現実に適応するのは容易なことではありませんでした。現地の食べ物とポルトガル語は移民の先駆者たちが遭遇した最大の困難でした。
　それ以外に，コーヒー農園での苛酷な労働，低い賃金，時折起きる農園主との衝突，彼らを守るべき立場にあった日本の関係当局の不十分な支援は，日本人パイオニアたちを失望させ，「だまされた」という感情が彼らを支配する状況に至らしめました。失望し，不満を抱いた多くの日本人は，ほかの農園，あるいは，州都のサンパウロ市でのより良い労働条件を求めて，耕作を放棄し，農園から逃げ出しました。
　しかしながら，年月がたつにつれて，日本移民の現地への適応は徐々に達成されていきました。移民たちは常日頃から努力を惜しまず，また，日本政府の庇護のもと，戦前，日本と強い一体感をもつ日系コミュニティーが作られました。

（文法練習問題）
1.
(1) terei gasto（または gastado）(2) têm feito (3) teríamos/tínhamos chegado (4) tinham morrido (5) teriam/tinham caído (6) terão vindo (7) tinha aberto (8) tem ganho（または ganhado）(9) teremos escrito (10) teria/tinha visto (11) tinha deixado

29課　ブラジル文学：「近代芸術週間」

　1922年2月にサンパウロ市立劇場で開催された近代芸術週間，別名セマナ・デ・22〔22年の週間〕は，ブラジル芸術において画期的な出来事でした。この行事の背景には政治，経済，社会，文化面において変革が求められ，国内が混乱していたという状況がありました。
　セマナ・デ・22に集まったのは，あまり理解できていなかったヨーロッパ前衛芸術の影響のもと，自国芸術の刷新を熱望していた若い詩人，造形美術作家，音楽家たちでした。ブラジルでいまだに支配的だった古くさい美的規範に不満を抱いていた「モダニズム」の若者グループは，講演やリサイタル，詩の朗読，絵画の展示をとおして，1週間で新しい芸術の理念を広めようと試みました。聴衆は，過激，かつ，攻撃的なやり方で紹介された「新しさ」を理解できず，やじや大声で応じました。実際のところ，その行事の企画者と参加者たち自身，理念は混乱しており，明確で首尾一貫した計画を持っていたわけではなかったのです。
　この行事のあと，モダニズムの信奉者たちは雑誌を刊行したり，宣言を練りあげたり，作品を発表したりして，新しい創作のあり方を確立しようと試みました。要するに，セマナ・デ・22は進むべき方向性を明確に示したわけではなかったものの，停滞していたブラジル芸術に揺さぶりをかけることに成功し，その変革を加速させる一助となったといえるでしょう。

（文法練習問題）
1.
(1) tiver acabado (2) tivesse recebido (3) tenham visto (4) tiverem feito (5) tenham perdido (6) tenham trazido (7) tivermos escrito (8) tivéssemos insistido (9) tenham tomado
2.
(1) Se ontem (nós) tivéssemos acordado cedo, não teríamos（または tínhamos）chegado atrasados.
(2) Se eu não tivesse tomado antibiótico, sentiria（または sentia）dor na garganta.
(3) Se não tivesse faltado à aula ontem, não teria（または tinha）perdido a prova.
(4) Se o seu trabalho não fosse estressante, você não fumaria（または fumava）tanto.
(5) Se o Daniel soubesse dirigir, (ele) não teria（または tinha）desistido de viajar.
(6) Se elas morassem perto, viriam（または vinham）mais vezes aqui.
(7) Se os meus primos não tivessem instalado a câmara de vigilância, não teriam（または tinham）identificado o ladrão.
(8) Se eu gostasse de comida árabe, teria（または tinha）ido ao restaurante com eles.
(9) Se o João tivesse trabalhado mais este ano, teria（または tinha）mais dinheiro.
(10) Se nós não tivéssemos bebido tanto vinho, não estaríamos（または estávamos）de ressaca.

30課　今日のブラジル：大学のクォータ制

　最後に，ブラジルでもっとも今日的な話題である大学のクォータ制（割り当て制）について取り上げましょう。それは，白人と黒人間の社会経済的不平等を緩和させるために，アメリカではじめて導入されたアファーマティブ・アクション政策の一部をなすものです。

　ブラジルでは1990年代終盤から，人種的，社会的割り当て制を採用する可能性について公に議論されてきました。今世紀初頭，ブラジリア大学をはじめとするいくつかの大学が，ソーシャル・インクルージョン（社会的包摂）を推進するため，入学試験において黒人および，または低所得者層の受験生向けに一定の定員枠を確保するようになりました。

　2012年8月には，「レイ・デ・コタス（クォータ法）」として知られる法令第12,711号が連邦政府によって認可されましたが，それは連邦大学が公立学校出身の学生のために半数の定員枠を確保することを義務づけるもので，その枠は所得と人種・民族を基準にさらに細分化されます。

　この法令はクォータ制に賛成する人たちと反対する人たちのあいだに，より一層熱のこもった論争を引き起こしています。それは，ある人たちにとっては奴隷制の過去に対する「歴史的補償」として，また，別の人たちにとっては新たな差別の形態として理解されています。

　この物議をかもすテーマについて議論するためには，この問題についてよく読み，十分な情報を得て，制度の良い点と悪い点を理解することが重要です。

（文法練習問題）
1.
(1) A aluna diz para mim que (ela) já está entendendo tudo.
(2) O meu professor me diz que eu (fiz) só um erro na redação.
(3) O Rodrigo me disse que (ele) tinha visto os meus irmãos no consulado.
(4) Eu respondi que não haveria nenhum voo disponível.
(5) Os nossos professores nos disseram que (nós) poderíamos sair da sala depois que terminássemos os exercícios.
(6) A minha treinadora afirmou que tudo ia dar certo.
(7) A mãe disse ao filho que quando ele saísse de casa, não se esquecesse de levar o guarda-chuva.
(8) A caçula quis saber quanto tinha custado o conserto do meu carro.
(9) O meu amigo me perguntou se eu já tinha entregado o relatório.
(10) Os turistas perguntaram se não podiam dar uma volta ali dentro do parque.
(11) O funcionário perguntou-nos onde (nós) tínhamos pago (pagado).
(12) O homem pede ao garçom que traga a conta. / O homem pede ao garçom para trazer a conta.
(13) A mãe disse aos meninos que ficassem quietos e parassem de gritar. / A mãe disse aos meninos para ficarem quietos e pararem de gritar.
(14) O médico pediu à enfermeira que fizesse o exame e entregasse o resultado do paciente até o meio-dia. / O médico pediu à enfermeira para fazer o exame e entregar o resultado do paciente até o meio-dia.

Osaka University Press